从0到1
运营视频号

牛津 著

中国财富出版社有限公司

图书在版编目（CIP）数据

从 0 到 1 运营视频号 / 牛津著 . —北京：中国财富出版社有限公司，2021.12
ISBN 978－7－5047－7605－1

Ⅰ.①从… Ⅱ.①牛… Ⅲ.①网络营销 Ⅳ.①F713.365.2

中国版本图书馆 CIP 数据核字（2021）第 249553 号

策划编辑	郑晓雯	责任编辑	张红燕 郑晓雯	版权编辑	李 洋
责任印制	梁 凡	责任校对	张营营	责任发行	董 倩

出版发行	中国财富出版社有限公司		
社　　址	北京市丰台区南四环西路 188 号 5 区 20 楼	邮政编码	100070
电　　话	010－52227588 转 2098（发行部）	010－52227588 转 321（总编室）	
	010－52227566（24 小时读者服务）	010－52227588 转 305（质检部）	
网　　址	http://www.cfpress.com.cn	排　版	宝蕾元
经　　销	新华书店	印　刷	宝蕾元仁浩（天津）印刷有限公司
书　　号	ISBN 978－7－5047－7605－1/F·3393		
开　　本	710mm×1000mm　1/16	版　次	2022 年 5 月第 1 版
印　　张	13.5	印　次	2022 年 5 月第 1 次印刷
字　　数	181 千字	定　价	59.80 元

版权所有·侵权必究·印装差错·负责调换

前　言
错过了抖音、快手，直接切入视频号

20世纪最具影响力的艺术家之一安迪·沃霍尔曾说："每个人都可能在15分钟内出名。"然而，在互联网时代，一个人可能只需要3分钟，甚至15秒，就能成为现象级网红。

比如，2016年爆红的"Papi酱"，直到今天，她的那句"一个集美貌与才华于一身的女子"依然令人印象深刻。随着"Papi酱"的爆红，"短视频内容创业"这一概念走进了人们的视野。

随着抖音、快手等短视频平台的崛起，人们找到了短视频内容创业的通道，短视频迅速席卷了整个互联网世界。2017年被人们称为"短视频元年"，当时的短视频平台百花齐放，短视频网红不断涌现。行业的迅猛发展为身处其中的人们带来了挑战、机遇和丰厚的红利，当时选择入局短视频领域的人，几乎都尝到了"水涨船高"的滋味。

几年过去了，短视频行业的发展脚步已经放缓，抖音、快手等短视频平台的格局也趋于稳定，行业飞速发展带来的红利也正在逐渐消失。那些错过了"短视频元年"的人们似乎只能望洋兴叹。

然而，互联网的世界不缺新的机遇。2020年，微信视频号的出现不仅搅乱了短视频江湖的"一池春水"，也为人们提供了进入短视频领域的新入口，一部分人甚至通过运营视频号实现了"弯道超车"。

视频号背靠成熟的微信生态圈，不仅具有天然的流量优势，而且可以借助微信生态圈中的朋友圈、搜一搜、小程序、公众号等模块迅速完成冷启动。同时，视频号还可以与公众号、微店、社群等组成各种丰富的变现路径，提供更多的变现机会。

在视频号平台上，"点赞即传播，传播即商机"。如果你已经错过了抖音、快手，不妨直接切入视频号，抓住新的流量机会。

不过，很多人在接触视频号之前，并没有运营短视频账号和其他新媒体账号的经验，不知道应该从哪里入手。本书恰好是一本适合短视频"小白"的视频号运营教科书，即使是"0基础"的运营者，也能通过本书学会视频号内容的创作方法、账号运营方法以及变现方法。当然，本书也适用于那些想到视频号平台开辟新"阵地"的有经验的运营者，他们可以通过本书了解视频号的推荐机制、平台特色等。

本书共有7章，包括认知升级、账号搭建、内容生产、视频制作、推广运营、账号变现、案例分享等内容。书中没有艰涩的理论，也没有冗长的论述，只有简洁明了的实操方法和生动翔实的案例，能够让读者一看就懂，一学就会。

笔者撰写本书的目的是帮助短视频"小白"迅速掌握短视频的制作及运营方法，让那些错过抖音、快手的人有机会在短视频行业分一杯羹，甚至实现弯道超车。假如你错过了视频号，就有可能错过了"短视频内容创业"的最后一班车。趁时间还来得及，不妨翻开本书，认真学习运营视频号的方法。

最后，笔者衷心地祝愿每一位视频号运营者都能快速成长，并实现自己的目标。

目 录

第1章 认知升级：不一样的视频号 ·· 1

1.1 视频号，当下你能抓住的流量机会 ································· 3

 1.1.1 视频号 = 短视频时代的"微信公众号" ················ 3

 1.1.2 视频号的三个关键词：短视频、直播、关系链 ······· 7

1.2 短视频下半场，视频号凭什么弯道超车 ·························· 9

 1.2.1 "集团军作战"，背靠成熟的微信生态圈 ··············· 10

 1.2.2 低门槛，拥有海量机会 ·· 11

 1.2.3 高价值，实现"内容生产、内容消费、内容变现"

    闭环 ··· 12

 1.2.4 全覆盖，打通私域流量和公域流量 ························ 14

 1.2.5 准触达，通过社交关系渗透精准用户 ···················· 15

1.3 视频号与抖音、快手的区别 ··· 15

 1.3.1 产品基因不同 ··· 16

 1.3.2 内容风格不同 ··· 16

 1.3.3 推荐机制不同 ··· 17

1.4 那些最早的入局者都在用视频号做什么？ ······················ 19

 1.4.1 大疆：做品牌推广 ·· 19

1

1.4.2 作家李筱懿：从文字向视频转型 …………… 22
1.4.3 秋叶大叔：打造微信流量矩阵 …………… 25
1.4.4 时光雕刻大师傅：引流变现 …………… 26

1.5 视频号的未来趋势 …………… 29
1.5.1 成为普通人分享生活的重要载体 …………… 29
1.5.2 实现社交、内容、商业的完美结合 …………… 30
1.5.3 为本地商家提供更多机会 …………… 31

第2章 账号搭建：打造独特的视频号名片 …………… 33

2.1 账号开通：视频号运营的第一步 …………… 35
2.1.1 企业账号和个人账号的区别 …………… 35
2.1.2 注册视频号的五个步骤 …………… 36
2.1.3 注册视频号的注意事项 …………… 40

2.2 账号"装修"：三大"装修"指南，打造专属账号 …………… 42
2.2.1 吸睛名字：九种模式，起个自带流量的好名字 …… 42
2.2.2 精彩简介：用好万能模板，简介也能轻松吸粉 …… 45
2.2.3 头像设置：五个细节，让你的视频号头像更
　　　吸引人 …………… 47

2.3 账号认证：快速提高"粉丝"信任度 …………… 49
2.3.1 视频号的三种认证方式 …………… 49
2.3.2 不同认证图标的不同含义 …………… 53

2.4 内容上传：视频号基础操作入门 …………… 54
2.4.1 视频号内容的展现形式、上传格式要求 …………… 54
2.4.2 发布视频号内容的三大步骤 …………… 55
2.4.3 视频号内容规范 …………… 57

第 3 章　内容生产：好内容决定 80% 的流量　59

3.1　爆款视频号的选题策划诀窍　61
- 3.1.1　五个维度，精准策划选题　61
- 3.1.2　七大类型，视频号选题更受欢迎　64
- 3.1.3　积少成多，建立丰富的选题库　70

3.2　打造高转化率内容的三个关键词　71
- 3.2.1　原创：更快获得平台扶持的不二法则　71
- 3.2.2　垂直：通过内容深度抢占用户心智　73
- 3.2.3　组合：注重"视频号+公众号"的内容组合　76

3.3　15 秒短视频内容框架设计　78
- 3.3.1　前 3 秒：稳、准、狠，抓住用户，说他们想说的　79
- 3.3.2　中间 9 秒：站在用户角度讲故事、做分享　80
- 3.3.3　后 3 秒：砸重点，输出观点，说自己想说的　82

3.4　视频号内容创作黄金公式　83
- 3.4.1　有情——使用户产生共鸣　83
- 3.4.2　有用——使用户有所收获　87
- 3.4.3　有个性——使人有耳目一新的感觉　91

3.5　四个高质量内容生产模板　93
- 3.5.1　替他说：××群体，真的很不容易　93
- 3.5.2　走心感悟：表达观点，输出感悟　94
- 3.5.3　反常识：开篇点题+结尾反转　94
- 3.5.4　实用技巧：××场景，××怎么办？　95

3.6　新手最容易犯的三种内容创作错误　95
- 3.6.1　错误一：包装过度，做作、生硬　96
- 3.6.2　错误二：无主题式晒猫狗、晒娃、晒日常　97

3.6.3　错误三：零散发布，定位不清晰 …………………… 97

第4章　视频制作：五步打造点赞10万+短视频 …………… 99

4.1　第一步：搭建短视频制作团队 ……………………… 101
　　　4.1.1　导演：把控全局 ……………………………… 101
　　　4.1.2　策划：把控内容 ……………………………… 102
　　　4.1.3　摄影师：把控画面 …………………………… 102
　　　4.1.4　剪辑师：把控节奏 …………………………… 103
　　　4.1.5　运营人员：把控规划 ………………………… 103

4.2　第二步：策划10倍圈粉脚本 ………………………… 104
　　　4.2.1　脚本的基本要素 ……………………………… 105
　　　4.2.2　脚本的万能公式 ……………………………… 108

4.3　第三步：拍摄高质量画面 ……………………………… 109
　　　4.3.1　选择设备：拍摄主件+拍摄配件 …………… 109
　　　4.3.2　学会构图：八种基础构图方法 ……………… 111
　　　4.3.3　掌握运镜方法：推、拉、摇、移、跟、甩、
　　　　　　升降 …………………………………………… 116

4.4　第四步：剪辑包装出成品 ……………………………… 118
　　　4.4.1　选择适合自己的剪辑软件 …………………… 119
　　　4.4.2　基础剪辑"三件套"：选音乐+做特效+加字幕 … 121

4.5　第五步：取标题+写文案，用文字为短视频赋能 …… 124
　　　4.5.1　取标题：拟定视频号标题的四种方法 ……… 125
　　　4.5.2　写文案：普通人都能写的三种爆款文案 …… 126

第5章 推广运营，快速收获精准"粉丝"的4个方法 … 129

5.1 发布引流：通过发布视频巧妙吸引流量 … 131
- 5.1.1 选择最佳发布时间 … 131
- 5.1.2 添加话题、所在位置、活动和链接 … 133

5.2 点赞、评论引流：让用户多停留一会儿 … 135
- 5.2.1 三招提高视频号点赞量 … 136
- 5.2.2 五种方法提升评论区活跃度 … 137
- 5.2.3 通过"大V"评论区引流 … 140

5.3 直播引流：用好直播三大利器 … 141
- 5.3.1 推流：使直播更专业 … 141
- 5.3.2 互动：留住直播间里的用户 … 143
- 5.3.3 连麦：强强联合 … 145

5.4 生态圈引流："视频号+微信号+朋友圈+公众号+微信群"组合拳快速引流 … 146
- 5.4.1 "视频号+公众号+微信号+朋友圈" … 146
- 5.4.2 "视频号+公众号" … 147
- 5.4.3 "视频号+微信群" … 148
- 5.4.4 "朋友圈+视频号" … 148

第6章 账号变现：把流量变成超级印钞机 … 151

6.1 广告变现：通过接广告赚钱 … 153
- 6.1.1 广告变现的三大方式 … 154
- 6.1.2 广告变现的最佳途径：为品牌定制内容 … 156

6.2 电商变现：商家最好的变现方式 … 157
- 6.2.1 "视频号+小商店" … 157

6.2.2 "视频号+小程序" …………………………………… 160
6.2.3 "视频号+公众号+微信商城" ……………………… 161
6.2.4 "视频号+微信群" …………………………………… 162
6.3 直播变现："打赏+带货" ………………………………………… 163
6.3.1 "粉丝"打赏 …………………………………………… 164
6.3.2 直播带货 ………………………………………………… 166
6.4 IP变现："打造个人IP+知识付费" …………………………… 168
6.4.1 打造个人IP …………………………………………… 170
6.4.2 "内容产品+知识付费" ………………………………… 171
6.5 教育变现："微课+训练营" …………………………………… 175
6.5.1 微课：卖课程 ………………………………………… 175
6.5.2 训练营：卖服务 ……………………………………… 176

第7章 案例分享：拆解头部账号爆火的内在逻辑 …………… 179
7.1 "萧大业"：用镜头语言讲故事 ………………………………… 181
7.1.1 任何时候开始都不晚 ………………………………… 181
7.1.2 复盘使人进步 ………………………………………… 183
7.1.3 记录生活，传递正能量 ……………………………… 185
7.2 "何青绫"：接地气，有内容，讲干货 ………………………… 186
7.2.1 用最接地气的语言讲财经 …………………………… 186
7.2.2 干货是核心竞争力 …………………………………… 188
7.3 "赵小黎"：另类文艺画作，开辟"吸粉"新渠道 …………… 190
7.3.1 高冷人设，凸显艺术气质 …………………………… 191
7.3.2 注重内容的形式与氛围 ……………………………… 192
7.3.3 将"赵小黎"打造成个人IP ………………………… 193

7.4 "皮皮教做菜"：分享实用的美食教程 …………………… 194
  7.4.1 内容："实用+接地气" ………………………… 194
  7.4.2 变现：水到渠成 …………………………………… 197
7.5 "粤知一二"：创造粤语新流行 …………………………… 197
  7.5.1 在尝试中寻找方向 ………………………………… 199
  7.5.2 用心打磨内容 ……………………………………… 200
  7.5.3 和"粉丝"玩在一起 ……………………………… 201

第1章
认知升级：不一样的视频号

在短视频市场已经成为一片红海，流量红利即将被瓜分殆尽时，视频号横空出世，给还没有搭上"短视频"这辆快车的人们一个新机会。与抖音、快手相比，视频号具有不同的产品基因、内容风格和推荐机制，想借助视频号实现弯道超车的运营者，应该以全新的眼光看待视频号、认识视频号。

1.1 视频号，当下你能抓住的流量机会

互联网时代，新的浪潮一波未平，一波又起。"短视频元年"① 已经过去好几个年头了。

经过几年的激烈"厮杀"，短视频江湖的格局已经基本稳定，抖音、快手两大短视频平台各据一方，短视频运营者依托这两大平台获取巨大的流量。短视频领域内的头部 IP 和"顶流"② 网红已经杀出重围，遥遥领先，腰部和尾部运营者将目光瞄准了下沉市场和细分领域，并开展了激烈的角逐。

短视频江湖已是一片红海，流量似乎已经被瓜分殆尽，那些还没来得及入局的人们只能望洋兴叹。

然而，在互联网的世界中从来不缺"逆风者"。2020 年，微信视频号（以下简称"视频号"）的横空出世搅乱了短视频领域的"一池春水"，为那些还没有搭上"短视频"这辆快车的人们提供了一个新的机会。如果你已经错过了抖音、快手，那么千万别错过视频号，因为这是你能抓住的流量机会。更重要的是，互联网行业早已进入下半场，每个获取流量的机会都弥足珍贵，如果你想实现流量变现，就必须尽早开始运营视频号。

1.1.1 视频号 = 短视频时代的"微信公众号"

如果你已经做好运营视频号去抓住流量机会的准备，那么你首先要

---

① 各大媒体和数据研究机构普遍认为 2017 年为中国互联网的"短视频元年"。
② 顶流，也称顶级流量，网络流行词，是为极出名的人或事物、内容赋予的一个称号。

做的就是认识视频号。因为只有充分了解平台，才能创作出合乎平台调性、能够获得平台更多流量的优质内容。

说起视频号，就不得不提微信。视频号是微信生态圈中的重要环节，它依托于微信生态圈，具有天然的流量优势。微信生态圈如图1-1所示。

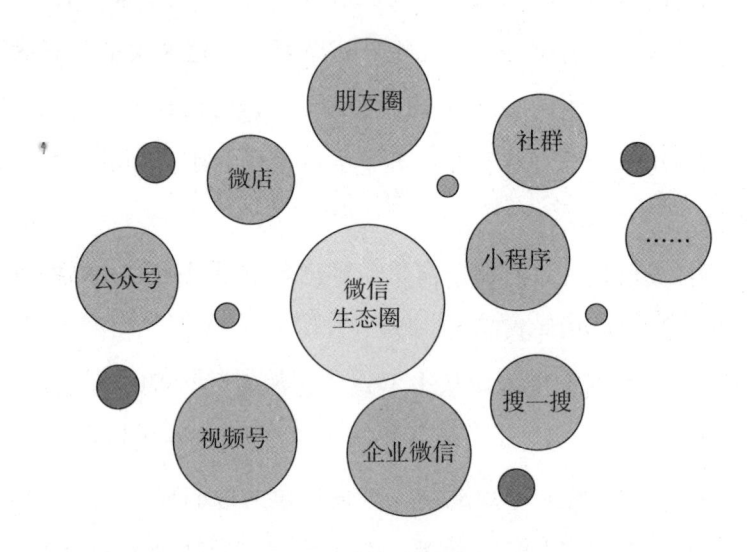

图1-1 微信生态圈

不同于公众号、朋友圈，视频号是一个全新的内容记录和创作平台，也是人们了解他人、了解世界的新窗口。视频号的内容以短视频、图片和直播为主，运营者可以发布长度在1分钟以内的短视频，以及时长为1~30分钟的完整视频，还可以发布数量不超过9张的图片。视频号内容支持点赞、评论，还可以被发送给朋友或分享到朋友圈。

视频号的入口在微信的"发现"页面，我们不需要下载专门的App就可以直接通过微信在视频号上发布内容，这对于运营者和用户来说都十分方便。视频号入口如图1-2所示。

图 1-2 视频号入口

打开视频号的首页,我们可以在手机屏幕上方看到"关注""朋友"和"推荐"三栏,它们分别对应了兴趣、社交和算法推荐。观看短视频的用户可以通过这三栏找到自己喜欢的内容,运营者则可以将这三栏作为获取流量的三个窗口。

运营者可以在视频号平台上发布自己创作的内容,平台会通过推荐算法,将内容推荐给相应的用户。如果用户观看、评论或转发了短视频内容,那么运营者就会获得相应的流量。短视频内容越优质,评论量、点赞量和转发量越多,运营者能获得的流量也就越多,这与公众号运营的底层逻辑基本相同。因此，我们可以将视频号看成短视频时代的"微信公众号"。

和公众号一样，视频号也可以被"粉丝"关注，并定期向"粉丝"推送内容，而且视频号的日常推送数量不受限制。相比公众号，视频号的内容创作门槛更低，是人人可以创作的载体。公众号的主要内容形式是图片和文字，对于运营者的写作能力有一定要求，而视频号内容的创作则更加简单。

有了视频号，不擅写作的运营者也有机会成为微信平台上的红人，也有成为微信平台上的大 IP 的可能。未来，图片和视频内容仍将大行其道，没有赶上公众号热潮的人可以抓住机会，利用微信平台的流量优势，以优质的图片和视频内容吸引流量，成为微信平台上的新一代自媒体"大咖"①。

对于那些已经成功运营公众号，有一定流量基础的运营者来说，视频号也是一个新的流量入口。视频号可以为公众号引流，还可以为运营者提供更多的变现机会。

一位自媒体人用视频号为自己的公众号引流，使公众号内付费文章的阅读量大大提升，他也因此获得了更多的粉丝关注。一位微店店主在运营公众号的基础上，开通了视频号，使自己发布的内容更加丰富、更有吸引力，因此获得了更多的新客源，大大提升了微店的销售额。

如今，短视频带来的红利还未完全消失，视频号为我们提供了新的流量机会和流量入口。我们必须抓住机会，依托微信平台，借视频号的"东风"实现流量积累和流量变现。

---

① 大咖是网络用语，指在某个领域内获得成功，并有一定知名度的人。

1.1.2 视频号的三个关键词：短视频、直播、关系链

想要借视频号的"东风"，我们就必须了解视频号运营的关键。对于运营者来说，短视频、直播、关系链是视频号的三个关键词，无论是流量获取、流量转化，还是流量变现，都绕不开这三个关键词。

1. 短视频

视频号平台上的短视频具有"短、频、快"的特点，即时间短、频率高、传播快。视频号平台上的短视频时长都不超过 1 分钟，其中的信息量适中，便于观看者吸收，也可以帮助人们"打发"午休、通勤等碎片时间。而且，优质内容并不会受限于篇幅，1 分钟以内的短视频也可以呈现优质内容。

视频号平台没有限制短视频的发布次数，运营者可以根据自己的需要确定短视频的发布频率。换句话说，我们可以以更高的频率发布短视频。从表面上看，1 条短视频的时长不超过 1 分钟，能够表达的内容十分有限，但是高频率的发布则可以弥补这一短板。

视频号依托于微信，短视频可以通过朋友圈、公众号等渠道快速传播。而且，视频号的推荐机制可以让短视频的传播范围突破"粉丝"订阅和朋友圈，快速触达更多人。微信庞大的日活跃用户群体，是视频号上的短视频得以快速传播的坚实基础。

"短、频、快"的特点，使视频号平台上的短视频具有独特的优势。如果视频号运营者想要获得更多流量，就要抓住"短视频"这一关键要素，创作出优质的短视频。

2. 直播

直播是视频号的第二个关键词，也是运营者应该牢牢把握住的一个重要流量入口。相比其他平台，视频号直播可以直接在微信端观看，省去了用户下载 App 的麻烦。视频号直播可以借助朋友圈、社群等渠道进行零成本裂变推广。运营者也可以将直播嵌入微信公众号中，搭建专属的直播间。总之，视频号直播的玩法多样，操作简单，我们可以根据自己的需要灵活运用。

视频号直播背靠微信，具有自己的独特优势。第一，微信的日活跃用户数量庞大，涵盖各种不同的人群。因此，在视频号平台上，几乎所有类型的直播都能找到受众。第二，视频号直播的观众中，有很大一部分是运营者的微信好友。因此，视频号直播的"粉丝"黏性和信任度高于其他平台的。第三，视频号直播可以实现流量的直接变现，我们可以通过社群、微店等渠道直接进行流量变现。在视频号直播间，主播不需要费力地将"粉丝"引流到其他地方，可以邀请"粉丝"加入社群或加微信好友。

3. 关系链

关系链是视频号最大的优势，也是成功运营视频号的关键。在视频号平台上，只要一位"粉丝"给你的短视频点赞，他的微信好友就会看到你的短视频，你将从他的关系链中获得流量。如果多位"粉丝"为你点赞，你获得的流量将成倍增长。有了微信平台特有的关系链和点赞机制，甚至不用"粉丝"转发，你就能传播短视频。

而且，由于"粉丝"与"粉丝"、运营者与"粉丝"有可能是微信好友，在视频号平台上，运营者和"粉丝"之间的关系模式是 n 对

n，而在其他短视频平台上，运营者和"粉丝"之间的关系模式是 1 对 n。

很显然，在 n 对 n 模式下，内容的传播速度会更快，传播范围会更广，获取流量的效率也会更高。视频号特有的关系链让我们有更多的渠道获取流量，也让我们可以在吸粉和用户运营方面做更多"文章"。

时代的潮头总有人挺立，下一个成功的机遇只会留给有准备的人。在流量获取难度日益增大的今天，视频号为我们带来了全新流量机会，你准备好了吗？

1.2 短视频下半场，视频号凭什么弯道超车

2020 年下半年，抖音开始打造封闭生态系统[①]。与此同时，视频号开始了一轮高频率的更新迭代，并逐步开放微信生态圈内的视频号、直播、朋友圈曝光、订阅号视频入口等权限。这一系列的变化，让我们清晰地意识到：短视频的下半场已经到来。

当抖音、快手的封闭生态圈逐步形成，短视频的红利已经被无数人瓜分时，视频号的横空出世让还没来得及入局的人看到了机会。可以说，视频号使他们获取短视频红利，甚至实现弯道超车。

那么，视频号真的能让后入场的运营者在短视频领域找到一席之地，甚至实现弯道超车吗？

答案是肯定的。因为通过分析视频号的优劣，我们不难发现，加入视频号可具备弯道超车的实力。对于普通运营者来说，视频号有五大优

---

① 2020 年 10 月 9 日，抖音直播正式切断和第三方平台的外链，开始打造封闭生态系统。

势，如图1-3所示。

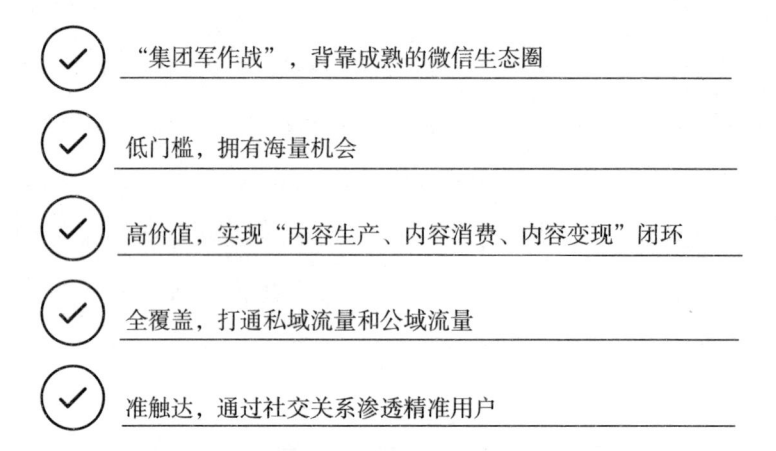

- ✓ "集团军作战"，背靠成熟的微信生态圈
- ✓ 低门槛，拥有海量机会
- ✓ 高价值，实现"内容生产、内容消费、内容变现"闭环
- ✓ 全覆盖，打通私域流量和公域流量
- ✓ 准触达，通过社交关系渗透精准用户

图1-3 视频号的五大优势

这五大优势是运营者获取流量和寻求变现的基础，运营者只有认识并善于利用这些优势，才能玩转视频号。

1.2.1 "集团军作战"，背靠成熟的微信生态圈

"集团军作战"，背靠成熟的微信生态圈，是视频号最大的优势。在微信生态圈内，用户已经形成了稳定的社交习惯和内容消费习惯。视频号的诞生，恰好填补了微信生态圈中短视频内容的空白。可以说，视频号是微信生态圈中不可缺少的一部分，微信生态圈是视频号发展壮大的肥沃土壤。

尽管视频号诞生的时间并不长，但其各项功能已经相对完善。腾讯公司还上线了与视频号匹配的剪辑工具"秒剪"。同时，视频号"镶嵌"在微信生态圈中，可以与微信聊天、朋友圈、搜一搜、小程序、公众号等模块产生持续而紧密的联系。

对运营者来说，视频号不但可以借助微信生态圈快速完成冷启动，还可以快速地触达精准用户，而且视频号可以和公众号、微店、社群等组合出很多新玩法，具有丰富的变现路径。

比如，视频号"玩皮的亭子"的运营者通过拍摄一系列生活类视频，将"粉丝"引流到公众号，再引导"粉丝"通过公众号内的微店链接下单购买产品。而且，该账号的运营者还通过微信群、微信聊天等途径沉淀了一批忠实"粉丝"。

为了加强线上、线下的联系，"玩皮的亭子"的运营者还通过视频号进行了直播，并利用朋友圈和微信群进行宣传。直播让运营者和"粉丝"有了更直接的互动，也让"粉丝"的购买率得到了提升。

微信是一款即时通信软件，具有浓厚的社交色彩，因此，视频号的底色也是社交。很多和"玩皮的亭子"类似的账号借助视频号的社交属性，快速实现了涨粉、变现。更重要的是，社交属性让微信平台上聚集了各种大大小小的圈子，视频号运营者可以从这些圈子中挖掘出各种长尾的、小众的需求，并针对这些需求创作内容。

背靠微信的视频号具备得天独厚的优势，如果运营者善于利用这些优势，就能达到吸粉、引流的目的，变现之路将更加顺畅。

1.2.2 低门槛，拥有海量机会

微信视频号的门槛低，能为我们提供更多"小而美"的机会。

一方面，视频号内容的创作门槛低，任何人拿起手机都能拍摄短视频，因而更容易上手。而且，由于视频号的推荐机制具有强烈的社交属性，即使我们只拍摄了简单的生活分享类短视频，也可能获得一定的流量。

另一方面，视频号能为中小商家提供更多机会。在抖音、快手平台上，中小商家的机会相对较少，这是因为，在抖音、快手的推荐机制下，短视频的播放量越大，就越容易被看见。在马太效应①的作用下，中小商家发布的短视频只能获得为数不多的流量，变现也就更困难了。

但是，在视频号平台上，中小商家可以通过社交关系让更多的人看到自己的内容。比如，某家洗车店在视频号上发布了短视频，其微信好友A观看了视频并点了赞。很快，A的微信好友也在视频号首页的"朋友"栏中看到了这条短视频。依此类推，看到这条短视频的人数将快速成倍增长，而这家洗车店也将获得更高的曝光率。

我们有理由相信，未来视频号会上线更多为中小商家赋能的新功能。中小商家会在视频号平台上找到更多的机会。

1.2.3 高价值，实现"内容生产、内容消费、内容变现"闭环

视频号平台能实现高价值的闭环，视频号运营者不需要借助第三方平台就可以在平台上实现内容生产、内容消费和内容变现。

我们可以从视频号"英语雪梨老师"的变现过程中，梳理出一个完整的"内容生产、内容消费、内容变现"闭环。

第一步，通过优质内容吸引用户。对于以内容为主的平台来说，无论推荐机制如何，内容质量一定会对短视频的权重②产生重要影响。因此，"英语雪梨老师"发布了一批优质短视频，并通过它们吸引用户。

---

① 马太效应，一种强者越强、弱者越弱的现象，广泛应用于社会心理学、教育、金融以及科学领域。

② 权重指某一因素或指标相对于某一事物的重要程度。权重体现的不仅是某一因素或指标所占的百分比，而且某一因素或指标的相对重要程度，即贡献度或重要性。

第二步，用企业微信号进一步连接用户。"英语雪梨老师"在自己的短视频简介中加入一个链接"我是雪梨老师，点这进我【直播间】学英语"。当用户被"英语雪梨老师"发布的优质内容吸引时，就会点击这个链接，并通过二维码添加其企业微信为好友。

第三步，再次提醒用户关注视频号及直播。当用户添加其企业微信号后，就可以报名其下次的直播公开课，开课前，企业微信号会发消息告诉用户直播时间及如何观看直播，并提醒用户关注视频号和公众号。

用户按提示关注视频号后，就顺利完成了"路转粉[①]"的过程，正式成为"英语雪梨老师"的"粉丝"。

第四步，引导用户关注公众号。公众号主页下方的菜单栏将引导用户下一步动作，以及添加企业微信号好友，并在后期引导用户购买付费课程。"英语雪梨老师"之所以选择企业微信，是因为在"联结用户"的场景下，企业微信的功能更加丰富，更有利于用户管理。

第五步，通过销售付费课程变现。"英语雪梨老师"的公众号主页中有一个"去学习"栏目，"粉丝"可以由此购买"英语雪梨老师"的付费课程。同时，"英语雪梨老师"也会通过直播推荐自己的付费课程，吸引"粉丝"购买。

通过分析我们会发现，"英语雪梨老师"的变现路径十分清晰，而且变现闭环十分完整。"英语雪梨老师"的变现闭环如图1-4所示。

高价值、闭环完整、路径顺畅是视频号变现的最大优势，运营者只有根据自己的产品特点设计属于自己的变现"套路"，才能更快地达到变现的目的。

[①] 路转粉是网络流行词，是指从"路人"转变为"粉丝"的过程。"路人转变为粉丝"简称"路转粉"。

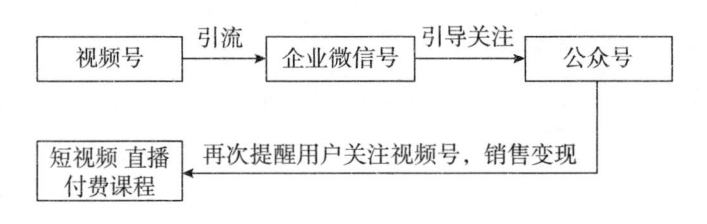

```
视频号 --引流--> 企业微信号 --引导关注--> 公众号
短视频 直播 付费课程  <-- 再次提醒用户关注视频号，销售变现
```

图1-4 "英语雪梨老师"的变现闭环

1.2.4 全覆盖，打通私域流量和公域流量

近年来，私域流量一直是互联网领域的热门概念。用通俗的话来说，私域流量就像一个归私人所有的池塘，这个池塘里的水从一条名为"公域流量"的大河中来。

对于广大运营者来说，抖音和快手等平台上的流量是公域流量，只有将这些流量引入微信，才能将其转换为私域流量。在抖音、快手等平台，运营者想方设法地将"粉丝"引流到微信群、个人微信号、公众号等，目的就是将公域流量变成私域流量。

从这一点来看，背靠微信的视频号具备先天优势，它打通了私域流量和公域流量。大多数使用微信的人都具备相对成熟的社交传播链，视频号内容可以在自己的私域流量中传播，也可以通过社交传播链在公域流量中传播。换句话说，你在视频号上发布的短视频可以被自己的微信好友看到，也可以被好友的好友看到。

比如，某美食账号有10万名"粉丝"（私域流量），这些"粉丝"的共同特征是爱好美食。物以类聚，人以群分，我们可以推测，这些"粉丝"的微信好友中也有不少对美食感兴趣的人（公域流量）。因此，当这个美食账号发布短视频并吸引"粉丝"点赞后，点赞"粉丝"的微信好友也会看到相应的短视频，可能会点赞或关注该美食账号。这样一来，该美食账号就会获得更多精准、垂直的"粉丝"。

视频号可以通过私域流量撬动公域流量，帮助我们快速、精准、全面地覆盖目标人群，这是其他平台所不具备的优势。在视频号平台，私域流量和公域流量不再是咫尺天涯，社交传播链在二者之间搭建了快速转换的通道。

1.2.5 准触达，通过社交关系渗透精准用户

前文提到，当我们点赞视频号中的一条视频后，我们的微信好友就会看到这条视频。可见，视频号可以通过社交关系渗透精准用户。运营者可以通过一位"粉丝"连接到这位"粉丝"的多位微信好友，并有可能获得他们的关注。通过这种方式获得的"粉丝"，通常具有相同的兴趣和类似的需求，对于运营者来说，他们是高质量的精准用户。

值得一提的是，一些商家还可以通过社交关系获得宝贵的本地流量，从而带动线下销售。比如，某宠物医院在视频号上发布了短视频，并获得了本地"粉丝"的点赞，那么本地"粉丝"的亲戚、朋友、同学等就会看到这条短视频，并了解该店铺的有关信息。当他们有为宠物洗澡、治病或购买宠物用品的需求时，就很有可能会选择该宠物医院。这样一来，该宠物医院的线下客流量就增加了。

视频号的出现，使短视频市场的格局发生了变化，也让普通运营者有了弯道超车的机会。只要我们能抓住视频号的风口，充分利用视频号的优势，就有可能快速完成流量积累和流量变现，实现自己的目标。

1.3 视频号与抖音、快手的区别

视频号和抖音、快手有什么区别呢？我们是否需要另一个同质化的

短视频平台？这是很多人的疑问。

事实上，视频号和抖音、快手并不是同质化的产品，视频号在产品基因、内容风格和推荐机制上，与抖音、快手具有较大的差异。视频号是短视频平台，更是对微信生态圈的补充，有一套自己的产品哲学。

和抖音、快手相比，视频号是一个全新的产品。

1.3.1　产品基因不同

与其说视频号是一个短视频平台，不如说它是一款短视频社交工具。社交，是视频号的核心产品基因。

抖音、快手更注重内容展现，而视频号在注重内容展现的同时则更注重社交功能。在视频号平台上，社交传播链的作用更加凸显，也更容易形成独立的兴趣圈子，这与公众号的涨粉逻辑是一脉相承的。而且，视频号背靠微信生态圈，这决定了其产品调性更具有普适性，内容也更适合大多数人观看。

相比视频号，抖音和快手更加泛娱乐化，内容展现形式为沉浸式的，社交功能相对较弱。基于视频号的强社交性，运营者在运营视频号时，不应直接套用抖音和快手的运营方法，而是要在社交属性上下功夫。

1.3.2　内容风格不同

由于产品基因不同，视频号和抖音、快手的内容风格也各有侧重。抖音、快手平台上的内容更为娱乐化，包括音乐、搞笑短剧、段子、舞蹈等不同类型的泛娱乐类视频。当然，抖音、快手上也不乏技术类、知识类等短视频。但是，泛娱乐类的短视频在抖音和快手上更加受欢迎。

和抖音、快手相比，视频号的内容更加生活化，知识性也更强，很多做知识分享的自媒体"大咖"选择了视频号平台。视频号的内容风格也是在其社交属性上形成的，人们更希望通过自己点赞的短视频传递积极、健康的生活态度，因此，生活和知识分享类的短视频在视频号平台上更加受欢迎。

有视频号运营者表示，自己在创作短视频时，会充分考虑"粉丝"的社交需求，在题材、内容的选择上也会更加追求传播"正能量"。我们在创作短视频时也要注意这一点。

1.3.3 推荐机制不同

视频号和抖音、快手的推荐机制有很大区别，这也是每个运营者都要深入研究、重点分析的问题。

抖音的推荐机制是以用户（看短视频的用户）为导向的，平台会根据内容的受欢迎程度来分配流量。在抖音平台上，内容质量好的短视频，其权重更高，平台会将流量源源不断地分配给那些受欢迎的短视频。

完播率、点赞率、评论量、转发量是抖音推荐机制中的重要参数（完播率＞点赞率＞评论量＞转发量），如果一条短视频的完播率高、点赞率高、评论量多、转发量多，那么这条短视频就会进入下一个更大的流量池，获得更多流量。只要一直有人点赞这条视频，它就会持续获得流量。较长时间后，有的抖音短视频甚至可以获得数百万甚至上千万人次的点赞量。

快手的推荐机制是以创作者（内容创作者）为导向的，它基于用户偏好和短视频的匹配度，将短视频推荐给相应的用户，让视频创作者相对平等地获得流量。在快手平台上，流量不会高度集中在某一个或几个头部内容创作者上，普通内容创作者也会获得相应的流量。因此，快手的推荐机制又被称为"去中心化"的推荐机制。

快手会将更多流量分配给腰部、尾部的内容创作者。而且，快手推荐机制中的重要参数包括评论率、转发率和点赞率（评论率 > 转发率 > 点赞率）。因此，快手平台的社区属性更加浓厚，"老铁文化"也就自然而然地诞生了。

但是，任何一种推荐机制都不是完美的，抖音的推荐机制容易造成内容的同质化，快手的推荐机制不利于优质内容的涌现。因此，视频号并没有采取单一的推荐机制。

视频号的推荐机制是以基于社交关系链的社交推荐为主、以中心化推荐和地理位置推荐为辅的复合推荐机制。在视频号平台上，用户不仅可以看到好友点赞的短视频，也可以看到平台基于地理位置、热度等推荐的短视频。

归纳起来，视频号的推荐机制包含三个重点要素，分别是社交关系链、用户喜好和地理位置。

1. 社交关系链

假如你的某位微信好友在视频号上看了一条短视频并点赞，系统会认为你对此类短视频感兴趣，并向你推送这条短视频。你会在视频号首页的"朋友"栏看到这条短视频，而且短视频的下方会出现"×××等×位朋友赞过"的标签。

2. 用户喜好

当你在视频号上看到喜欢的短视频并点赞或评论后，系统会根据你喜好的内容为你打上标签，并为你推荐与标签属性相符的内容。也就是说，你喜欢什么，系统就会为你推荐什么。

3. 地理位置

系统会根据你的地理位置为你推荐附近的人、附近的内容。基于地理位置的推荐可以衍生出很多商业机会，线下商家可以从中获益。

从产品基因、内容风格和推荐机制来看，视频号并不是另一个抖音、快手，它是一个新产品，也是值得运营者认真研究的新平台。

抖音的slogan（标语）是"记录美好生活"，快手的slogan是"拥抱每一种生活"，而视频号的slogan则是"记录真实生活"。从三个平台的slogan中我们就能体会出它们的不同调性。我们在运营不同平台的短视频账号时，不应生搬硬套，而是要根据平台的调性采取不同的运营方法。在运营视频号时，我们一定要牢牢抓住其社交属性。

1.4 那些最早的入局者都在用视频号做什么？

时代从不辜负有心人，但也不会等人。机会稍纵即逝，只有那些眼光精准、早早选择入局的人，才能分得第一杯羹。在视频号刚刚上线时，就有一批嗅觉敏锐的人在第一时间开通了账号，并开始运营。

1.4.1 大疆：做品牌推广

最早开通的一批视频号中，既有个人，也有品牌。这些品牌在视频号平台上开辟了新的推广渠道。大疆就是这些品牌中的翘楚之一。

"大疆"是深圳市大疆创新科技有限公司旗下的无人机品牌，在市场上具有较高的知名度。大疆在各大新媒体平台上都有相应的账号，视频号上线后，大疆也在第一时间开通了账号。

大疆的视频号账号名与品牌同名，叫"大疆"。该账号通过了企业认证，有"蓝V"标志。大疆主页如图1-5所示。

图1-5 "大疆"主页

大疆发布的第一条短视频是"带你参观一下DJI总部是什么样子的"，这条短视频中展现了大疆公司的办公环境，以及无人机在办公室飞行的场景。看到这条短视频，人的脑海中大概率会蹦出"极客""高科技""创意"等词汇,这些词汇就是人们对大疆公司的印象。大疆发布的第一条短视频的截图如图1-6所示。

图1-6 大疆发布的第一条短视频的截图

大疆发布的短视频都与无人机有关,既有无人机拍摄的精彩画面,也有无人机使用教程,还有品牌宣传片。借助这些短视频,大疆的品牌形象被不断地强化和丰富。值得一提的是,大疆的多条视频中添加了#大疆#和#无人机#等话题,如果某条视频的点击率够高,那么它就会在一段时间内优先出现在相应关键词的推荐列表中，这使大疆与无人机紧密联系起来，实现极佳的宣传效果。大疆的部分短视频截图如图 1-7 所示。

图 1-7　大疆的部分短视频截图

大疆通过运营视频号得到了进一步推广，触达更多的用户。深圳市大疆创新科技有限公司不仅开通了"大疆"账号，还开通了"大疆教育"和"DJI 大疆行业应用"两个"蓝 V"账号。这三个账号都在提升用户认知、强化品牌形象上起到了重要的作用。

1.4.2　作家李筱懿：从文字向视频转型

在新媒体领域，作家李筱懿并不是一位毫无经验的新手。她有多年的公众号运营经验，是知名的新媒体"大咖"。她开通视频号的目的是从文字向视频转型。李筱懿擅长与文字打交道，她的公众号文章往往能使人们产生共鸣。通过多年的运营，她积累了一批忠实的"粉丝"。

第1章 认知升级：不一样的视频号

同时，李筱懿也深刻地意识到，视频也会是未来自媒体内容的主要载体之一。因此，她决定走近短视频，开通视频号。视频号"李筱懿"主页如图1-8所示。李筱懿自诩为"短视频小白"，她和她的团队开始了短视频运营摸索之旅。短视频的拍摄、运营，对于李筱懿来说是全新的领域。为了更快地适应新领域，她和她的团队不断地进行快速调整，并在"小步快跑"中摸索出了一套行之有效的模式。她说："假如模式能跑通，再进行复制，比上来就摆开阵势更能成事。"

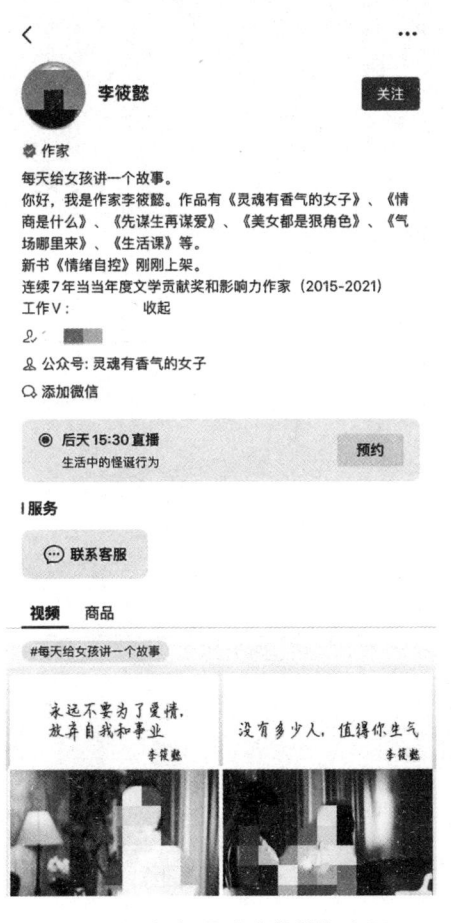

图1-8 视频号"李筱懿"主页

凭着一股决心和干劲，李筱懿成功转型。她在视频号"李筱懿"中，给女孩们讲故事、提建议，以闺密、知心大姐姐的身份帮助女孩们解决生活中遇到的问题。在一条名为"自律不痛苦，假装自律才痛苦"的短视频中，李筱懿用镜头记录下自己在健身房的一个片段，并讲述了自己的感悟。这条视频很快获得了"10万+"的点赞量，"自律不痛苦，假装自律才痛苦"也成为"金句"。"李筱懿"的短视频截图如图1-9所示。

图1-9 "李筱懿"的短视频截图

"每天给女孩讲一个故事"是"李筱懿"视频号简介的一部分，也是她许多短视频的标签。讲故事是李筱懿最擅长的事，她在运营公众号"灵魂有香气的女子"时也坚持讲故事。"讲述女性故事"是她的个人定位，无论是她的公众号、图书，还是视频号，都保持着这一定位。优质的内容、统一的定位，是李筱懿成功转型的关键原因之一。

过去，李筱懿的"粉丝"和读者只能通过文字与她建立联系，运营视频号后，"粉丝"和读者看到了更生动、更真实的她。这不仅有利于李筱懿和"粉丝"、读者拉近距离，也有利于吸引新的"粉丝"。通过运营视频号，李筱懿找到了"后自媒体时代"的生存之道，也为自己赢得了新的发展空间。

1.4.3 秋叶大叔：打造微信流量矩阵

知名教育博主"秋叶大叔"也开通了视频号，他通过视频号"秋叶大叔"更新短视频为自己的公众号赋能，实现了视频号和公众号的"双涨粉"。"秋叶大叔"还开通了视频号"秋叶大叔的小号"，这两个视频号和秋叶大叔的公众号、小程序"秋叶大叔的小店"形成了微信流量矩阵的雏形。视频号"秋叶大叔"和"秋叶大叔的小号"的主页如图1-10所示。

"秋叶大叔"在公众号上曾发表过一篇付费文章，文中阐述了视频号运营的相关知识。当时，有700多人阅读了这篇文章。三个月后，"秋叶大叔"将这篇文章中的核心观点提炼出来，做成了一条短视频。这条短视频吸引了很多人观看，累计播放量高达几十万次，为"秋叶大叔"带来了大批新"粉丝"，并再次带动了付费文章的阅读量。

图1-10 视频号"秋叶大叔"和"秋叶大叔的小号"的主页

秋叶大叔的这次"公众号+视频号"的营销策划为他带来了不少的收入，被誉为"一次完美的'公众号+视频号营销案例'"，他成功实现了微信变现的闭环，也让我们看到了微信流量矩阵的威力。

1.4.4 时光雕刻大师傅：引流变现

周师傅是一位照片修复师，能将一张破损、模糊不清的老照片修复成人物轮廓清晰可见的"新照片"。

2018年，周师傅抓住了短视频的风口，开始运营抖音账号，并通过线上引流的方式积累了1万多名"铁杆粉丝"。可是，渐渐地，人们从抖音上获取流量的难度越来越大，周师傅的抖音账号运营陷入了瓶颈。于是，他在视频号上线不久后便选择转战视频号，开始运营视频号"时光雕刻大师傅"。"时光雕刻大师傅"主页如图1-11所示。

图1-11 "时光雕刻大师傅"主页

由于周师傅缺乏运营视频号的经验,"时光雕刻大师傅"前期发布的短视频并没有获得多少流量。经过反复调整,周师傅发现,怀旧、能够触动人们心灵的短视频更受用户的欢迎。于是,周师傅将"怀旧、感动、触动心灵"作为其短视频的主要风格。

凭借精湛的照片修复技艺、打动人心的文案和合适的背景音乐,"时光雕刻大师傅"打造了不少爆款短视频。其中,"妈妈年轻时留下的唯一照片"这条短视频更是为周师傅带来了数量庞大的"粉丝"。因为这条短视频带来的流量,周师傅要用几个微信号才能正常开展运营工作。"妈妈年轻时留下的唯一照片"短视频截图如图1-12所示。

图1-12 "妈妈年轻时留下的唯一照片"短视频截图

"时光雕刻大师傅"视频号的变现之路十分顺利,在账号运营之初,周师傅就找到了变现的窍门。他发现,视频号用户的消费能力更强,也更愿意为情怀"买单"。在视频号平台上,不少人愿意花 200~300 元修复老照片。为了吸引更多的"粉丝","时光雕刻大师傅"保持着较高的更新频率。

为了更好地将自己的服务推广出去,周师傅还设计了一套流程。客户只需要将需要修复的照片发给周师傅检测,并根据报价付款,一单生意就完成了。生意好的时候,周师傅一天可以接到 100 多单。截至 2021 年 3 月,周师傅通过运营"时光雕刻大师傅",已经成功变现几十万元。

事实上,视频号最早的入局者远远不止本节中提到的几位,很多人也通过运营视频号收获了流量,实现了流量变现,他们的成功印证了视频号的潜力无限。

1.5 视频号的未来趋势

在视频号问世之初就有人预言,视频号将掀起短视频行业的另一个风口,也将为短视频行业带来最后的红利期。

1.5.1 成为普通人分享生活的重要载体

视频号是普通人记录生活的主要载体。视频号作为微信生态圈的重要组成部分,可以让更多的人接触短视频,并将更多的非创作者培养成创作者,让人们习惯于用短视频记录和分享生活。

对于那些十分成熟的自媒体运营者来说,视频号是一个很好的分发渠道;而对于没有短视频运营经验的普通人来说,视频号会成为类似于

"朋友圈"的生活分享平台。未来，图片和短视频将成为人们表达自我的主要载体，拍摄和发布短视频也会成为人们喜欢的表达方式，而视频号恰好为人们提供了表达的平台。

我们有理由相信，未来开通和使用视频号的人会越来越多，人们会像使用"朋友圈"一样使用视频号。到那时，视频号很可能会成为规模最大的短视频平台之一。

1.5.2　实现社交、内容、商业的完美结合

视频号是实现社交、内容、商业的完美结合。由于背靠微信，视频号具有得天独厚的社交优势，是比抖音、快手更适合冷启动的短视频平台，运营者可以通过朋友圈、好友转发、好友点赞等形式获得种子用户，让冷门内容、长尾内容也有机会获得精准用户的关注。因此，新手运营者也能获得流量，他们创作内容的热情也将大大提升。这样一来，视频号的优质内容也会变得越来越多。社交优势带来的流量可以促使运营者创作更多好内容，而这也会成为用户的"社交货币"①，并得以广泛传播。

当内容得以广泛传播时，我们就会收获流量，有实现变现的机会。而且，我们从视频号的一系列动作中可以看出其商业野心。2020年年底，视频号在短时间内接入了有赞出品的分佣推广系统，上线了可以挂载的"微信小商店"，打通了品牌官方区，上线了直播内容推荐……这些功能

---

①　社交货币的概念出自乔纳·伯杰的著作《疯传》，是指一个人在社交场合的出场价值，凡是能买到别人的关注、评论、点赞的行为都可以称为社交货币。"就像人们使用货币能买到商品或服务一样，使用社交货币能够获得家人、朋友和同事的更多好评和更积极的印象。"社交货币的功能包括作为谈资，展示自己，增进或建立社会关系。

让商家、品牌和企业通过视频号进行营销和变现。

未来,视频号将凭借强大的社交功能和优质的短视频内容,衍生出更多的商业模式,并将成为一个集社交、内容和商业于一体的综合性平台。

1.5.3 为本地商家提供更多机会

视频号是为本地商家提供更多机会。视频号不仅拥有庞大的用户基数,还可以基于地理位置的推荐机制让本地商家获得更多的本地流量。那些在线下受阻或者渴望在线上寻找机会的社区门店、连锁品牌、本地商家,可以在视频号上找到机会。

一方面,本地商家可发动员工、客户,在朋友圈、微信群转发自己的短视频内容,通过这些社交资源获得新流量,并利用直播、小程序、微店、公众号等进行二次转化。这样获取的流量更精准,活跃度和复购率都能够得到保证,而且可以直接为线下门店赋能。目前,已经有不少线下门店开始利用视频号推广门店活动,进行引流。

另一方面,在微信的"附近"页面中,我们可以直接观看同城直播和短视频。这对于本地商家来说是一个十分重要的流量入口,他们有机会通过"附近"的推荐,触达更多本地用户。基于强社交属性,未来视频号可能会推出更多惠及本地商家的功能,为本地商家提供更多机会。

我们可以用一个词来概括视频号的未来发展趋势——未来可期。对于普通用户来说,视频号将成为记录和分享生活的平台,而且它依托于微信,可以在原有的社交关系链中进行分享,十分方便。

对于公众号创作者来说,视频号让他们多了一个内容分发渠道和新的流量入口。他们可以在运营公众号的基础上,利用短视频吸引更多

"粉丝"，以塑造更立体的形象，并找到更多的变现途径。

对于企业来说，视频号可以提供更多的品牌展示机会。很多成人教育培训机构已经开始了这样的尝试，甚至已经直接通过视频号变现。此前，抖音、快手和小红书已经印证了短视频、直播带货的价值，商家应该重视视频号这一新渠道，将自己的产品和内容推送给精准的用户。

视频号是每个人的机会，只要我们制定好目标，并持续输出内容，就有机会获得流量。随着视频号的发展，获取流量的难度会不断加大，隐性的"准入门槛"也会越来越高。如今的抖音、快手已经十分成熟，新入局的运营者获客很难。因此，我们必须抓住机会运营视频号，只有这样，才有可能获得更多红利。

第2章
账号搭建：打造独特的视频号名片

搭建账号是运营视频号的第一步，运营者要按照平台规定，完成账号开通、账号装修、账号认证，并通过账号装修为自己打造一张独特的视频号"名片"。除此以外，运营者还要学习平台规则以及相关法律法规，为后期的账号运营打下基础。

2.1 账号开通：视频号运营的第一步

账号开通，是做好视频号账号运营的第一步。开通视频号账号看似简单，但其中涉及账号注册、账号装修、账号认证、内容上传等问题，如果我们不认真对待，就有可能影响后期的运营，甚至可能因为违规操作而被平台封号。

因此，我们不能打无准备之仗，而是要从账号开通这一步认真做起，为后期的运营打好基础。在注册视频号账号之前，我们首先要了解视频号的账号种类。

2.1.1 企业账号和个人账号的区别

目前，视频号的账号分为企业账号和个人账号两种：企业账号是由企业或机构运营的账号，个人账号则是由个人运营的账号。这两类账号有不同的特点，运营的侧重点也有所不同。

从内容上看，企业账号（"蓝V"账号）代表企业形象以及企业的产品和服务。企业账号上发布的内容可以向用户展现品牌价值，提升品牌和产品的曝光率，还可以带动产品和服务的销售。个人账号（"黄V"账号）可以代表运营者的个人形象，个人账号的内容可以反映个人的兴趣、爱好等信息。除了个人，一些IP孵化机构和MCN[①]机构也会打造个人账

[①] MCN（Multi-Channel Network，多渠道网络）是一种新的网红经济运作模式。这种模式将不同类型和内容的PGC（Professional Generated Content，专业生产内容）联合起来，在资本的有力支持下，保障内容的持续输出，从而最终实现商业的稳定变现。

号，并通过这些账号获得收益。有时候，一家MCN机构甚至会同时管理几百个个人账号。

从运营上看，企业账号的目标受众是客户，个人账号的目标受众是"粉丝"。因此，两种账号的运营方法是不同的。企业账号的运营应围绕获得客户信任、推荐产品和服务这一目的展开，运营者要通过运营企业账号提升产品销量和服务的质量。个人账号的运营重点是吸粉，运营者要通过打造人设、传递观点、分享生活等方式吸引和留住"粉丝"，只有让"粉丝"沉淀下来，个人账号才能顺利变现。

从商业变现上看，企业账号和个人账号也存在不小的差异。企业账号属于企业，企业拥有自己的产品和服务，可以为用户提供完整的售前、售中、售后服务。用户可以通过企业账号完成从种草①、购买到售后的全过程。个人账号的运营者不能直接为用户提供产品和服务，只能扮演"中间商"的角色。相比企业账号，个人账号的变现门槛更高，需要一定的"粉丝"数量和商业运作能力。

总而言之，企业账号和个人账号的区别较大，运营方法也有所不同，我们要根据自己的需求开通账号和运营。

2.1.2 注册视频号的五个步骤

了解了企业账号和个人账号的区别以后，我们就可以开通属于自己的视频号账号了。目前，视频号账号的注册已经全面开放了，如果你有

---

① 网络流行语，本义为一种人工养殖草的方式；而在网络上，种草表示分享推荐某一商品的优秀之处，以激发他人购买欲望的行为，或者自己根据外界信息，对某事物产生体验或拥有的欲望的过程；也表示把某事物分享推荐给另一个人，让另一个人喜欢该事物的行为，类似于网络用语"安利"的用法；还表示某事物让自己由衷地喜欢。

需要，就可以开通视频号。视频号的注册方法十分简单，只需要五步就可以完成。

第一步：打开微信 App，进入"发现"页面，点击"视频号"。

第二步：进入视频号首页后，点击右上方的人像图标进入视频发布页面。

第三步：点击"发表视频"按钮（见图 2-1）进入创建视频号页面。

图 2-1 点击"发表视频"按钮

第四步：设置头像、名字、地区等信息，并勾选"我已阅读并同意《微信视频号运营规范》和《隐私声明》"，然后点击"创建"按钮，即可创建视频号。已开通的视频号账号的个人主页如图2-2所示。

图2-2 已开通的视频号个人主页

第五步：填写简介，发布内容。

通过以上五个步骤，我们就可以成功开通视频号了。此外，我们可以点击视频号个人主页右上方的"…"，进一步设置账号。视频号账号"设置"页面如图2-3所示。

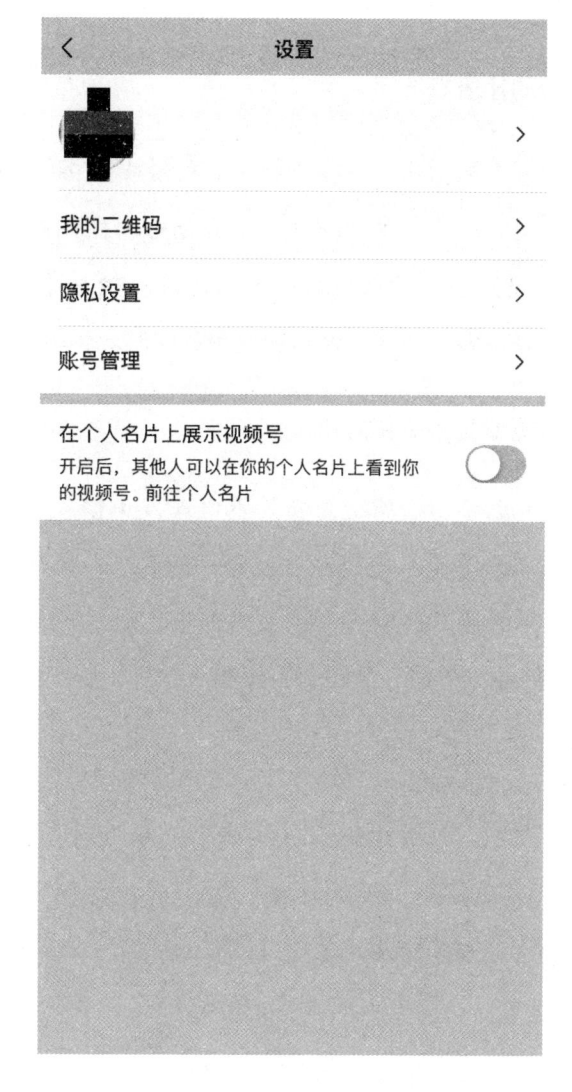

图2-3 视频号"设置"页面

2.1.3 注册视频号的注意事项

为了顺利开通视频号，我们在注册账号时应该注意以下四个重要的注意事项。

1. 遵守平台的注册规定

平台规定"一个微信账号只能注册一个视频号"，而且视频号的账号名字不能与其他视频号账号的名字相同。注册账号所用的信息必须真实有效，不能使用任何违法侵权信息注册。此外，频繁注册、批量注册、用虚假信息注册等行为都会被平台判定为恶意注册。

2. 按规定设置账号名字和简介

视频号的账号名字、头像、简介等不可涉及色情、暴力、赌博等违法信息。不文明用语等也不能出现在视频号的名字、头像和简介中。要特别注意的是，"赚钱""加粉"以及类似词汇会导致视频号被平台限流①。因此，我们在设置账号名字、头像和简介时，应严格遵守平台的相关规定。

3. 保证账号资料的客观性

视频号的账号名字、头像、简介等资料应具有客观、可识别的特点。我们在设置账号名字和简介时，不能使用夸张的、具有误导性的描述。

---

① 限流指视频号发布的内容的阅读量和推送量在一段时间内被限制，以降低内容的热度。

比如，视频号的简介中不能直接出现广告信息，也不能出现明显的引流信息。

4. 不得冒用他人信息

我们在注册视频号时，不能冒用他人的信息，包括他人已经登记注册的企业名称、企业商标，他人的姓名、肖像。任何冒用他人信息注册账号的行为都将构成侵权。同时，我们在填写视频号简介时，也不能冒充他人，故意造成混淆。

比如，某视频号的账户名字与某知名游戏的名字相同，头像是该游戏的标识，简介中暗示该账号的运营者是游戏公司的客服人员。由于冒用了某知名游戏的信息，该账号很快就被平台封号了。

事实上，如果我们冒用了具有较高知名度的人名、企业名、产品名和账号名（包括其他平台上的）等，则可能无法注册；即使注册成功，也会被平台视为违规并予以处理。面对严格的注册规则，有的人可能会选择投机取巧，在冒用他人名字时加上字母、符号等，如"贾＊玲""A里巴巴"等，这种方法也会被平台视为违规。

如果我们在注册视频号时，发现自己的信息被冒用，或者在运营视频号过程中，发现自己的账号被仿冒，可以发起投诉。为了更好地保护自己的利益，我们在投诉时，可以向平台提供商标注册证以及主体证明，其他平台的同名账号后台截图、实名信息等。

开通账号是运营视频号的第一步。为了给后期运营打好基础，我们不仅要遵守平台的注册规定，还要做好账号的"装修"，给用户留下深刻的第一印象。

2.2 账号"装修":三大"装修"指南,打造专属账号

如果将运营视频号比喻成经营门店,那么,设置账号的过程就如同装修门店。门店的装修会影响客流量,账号的"装修"则会影响账号的"粉丝"量和短视频的播放量、点赞量。一个视频号账号的"装修"包括三个部分,分别是账号名字设置、头像设置和简介设置。

好的账号名字、头像和简介通常自带流量,会吸引一批"粉丝"主动关注,为账号的运营打下良好基础;而不合格的账号名字、头像和简介则会让人望而却步。因此,我们要从账号名字、头像、简介三方面入手,做好账号"装修"。

2.2.1 吸睛名字:九种模式,起个自带流量的好名字

目前,视频号的名字一年之内只能更改几次,我们在设置账号名字时一定要谨慎,最好在开通账号前就拟好,避免忙中出错。我们在设置账号名字时,应该遵循以下三个基本原则。

1. 易记,易搜,易传播

视频号账号的名字应该简单易记,容易搜索,容易传播。因此,我们在设置账号名字时,应该避免使用生僻字和较复杂的英文单词和数字。易于发音、书写和拼写的名字更容易被用户记住,而且更有利于传播。

比如,视频号"一条"的名字不仅书写、发音简单,而且十分特别,用户很容易对其产生深刻的印象。用户在搜索"一条"这个名字时,也不会出现搜索不到或搜索错误的现象。

另外，我们在设置账号名字时，应尽量选择常见的、不容易混淆的字词。有一家旅游网站叫"马蜂窝旅游网"，这个名字达到了"易记，易搜，易传播"的标准。但是，这家网站最初的名字叫"蚂蜂窝"，这个名字很容易造成混淆，以至于网站的员工经常要向用户特意说明："是蚂蚁的蚂。"后来，这家网站在2018年更名为"马蜂窝旅游网"。

2. 突出定位，强化人设①

账号名字就像门店的招牌，要突出定位，让用户在第一眼就知道这个账号是"做什么的"。比如，某摄影类账号的名字是"小泽摄影"，用户一看名字，就知道该账号发布的内容与摄影有关。

此外，账号名字还要起到强化人设的作用，要通过账号名字传递品牌或个人的形象。比如，账号名"纽约酱"就强化了运营者的"留学生"人设，而账号发布的主要内容也是留学生活、中美文化差异等。

3. 避免重复，符合规定

前文提到过，冒用他人的信息注册账号会被平台判定为违规注册，因此我们在设置账号名字时要尽量避免重复，以免出现不能注册或被他人举报的情况。而且，重复的账号名字非常不利于后期的运营和推广，重名账号可能会分走我们辛苦获得的流量。

最重要的是，我们在设置账号名字时，要遵守平台规定以及相关的法律法规，不要触碰"红线"。

在遵守以上三个原则的基础上，我们可以自由发挥，为自己的账号

---

① 人设原指动漫、小说等作品中虚拟角色的外貌特征、性格特点等，现在也可用于形容明星、网红等公众人物塑造的外在形象，如吃货人设、耿直人设、学霸人设等。

设置一个吸睛的名字。短视频账号命名模式可以被归纳为九种，我们可以根据自己的需求，选择其中一种命名。短视频账号的九种命名模式如表2-1所示。

表2-1　　　　　短视频账号的九种命名模式

模式	说明	举例
谐音模式	以谐音命名可以让用户产生较深刻的印象，适用于泛娱乐类账号、生活分享类账号	"七舅脑爷"
内容定位模式	通过命名展现账号的内容方向，强化内容定位，适用于垂直领域①的账号	"野食小哥""贫穷料理""二十吃垮珠海"
学习成长模式	能够满足用户自我提升的需求，适合科普类、教学类、知识类账号	"跟大Mon学英语""朱翔惠口才训练营""情商与思维"
人群定位模式	吸引精准用户，针对特定人群，适合垂直领域账号，有利于后期卖货变现	"洪哥说装修""乐乐爱多肉""萌宠天团""旦旦房车旅行"
职业定位模式	将职业名称加入账号名字中，增强账号的真实感，使账号更贴近用户	"林天一快递员""黄振宇文案杀手""王磊品牌设计""邻家律师晓君"
意见领袖模式	适用于输出专业内容的账号，有利于树立权威形象	"前沿财经""宁杨财经"
精选大全模式	覆盖面广，利于用户记忆	"全球创意短片精选""果果家好物精选""广场舞大全"

---

① 垂直领域是互联网行业术语，指为限定群体提供特定服务，一般指娱乐、医疗、环保、教育、体育等领域。

续表

模式	说明	举例
时间标签模式	在账户名字中加入时间段,加深用户印象	"深夜徐老师""十点书摘""早间音乐 Morning music""睡前树洞"
号召行动模式	用账号名字号召用户行动,提升用户对账号的依赖感	"每天学点 PPT""一起看电影吗"

设置账号名字并不难,只要我们能把握以上三个基本原则,参考以上九种命名模式,并加上一些巧思,就能拥有合适且有新意的账号名字。

2.2.2 精彩简介:用好万能模板,简介也能轻松吸粉

简介是用户快速了解账号的重要渠道,可以传递账号的属性、特色和品牌价值,它可以直接告诉用户你是谁,你是做什么的,你能提供哪些价值。无论是个人账号,还是企业账号,简介都是账号"装修"的"重头戏"。

如果你认真研究各大视频号的简介,就会发现视频号简介可以分为两类。

第一类简介是关于"干什么"的,即告诉用户账号的主要内容是什么,提供什么价值。比如,视频号"鲜女好物分享集"的简介是"分享颜值与实力兼备的美腻好物,你想要的都在鲜女的口袋啦"[①],用户一看就知道该账号发布的内容是好物分享,如果自己有需要,便会立即关注。

第二类简介是关于"我是谁"的,即通过简介展现自己的个性,传递自己的态度,很好地树立个人形象。比如,截至 2022 年 2 月 23 日,视频号"李筱懿"的简介是,"每天给女孩讲一个故事。你好,我是作家李筱懿。

---

① 省去了其中的表情。——编者著

作品有《灵魂有香气的女子》《情商是什么》《先谋生再谋爱》《美女都是狠角色》《气场哪里来》《生活课》等。新书《情绪自控》刚刚上架。连续7年当当年度文学贡献奖和影响力作家（2015—2021）。工作 V：××××××"。视频号"李子柒"的简介是"李家有女，人称子柒"。

目前，视频号简介支持换行排版，可以插入表情，有比较大的发挥空间。我们可以通过加入分割线、数字、表情及换行等方式突出简介中的重点信息。我们还可以在简介中加上个人微信号、QQ号等，起到引流的作用。比如，视频号"李筱懿"的简介中就体现了其工作微信号。

视频号的简介可长可短，可繁可简，我们可以有选择地在其中加入各种信息、观点、态度。不过，一则相对完整的视频号简介应该包含自我介绍、服务、价值、背书[①]、联系方式，这五部分可以组成一个万能简介模板，我们在设置其他平台的账号的简介时也可以使用该模板。万能简介模板如图2-4所示。

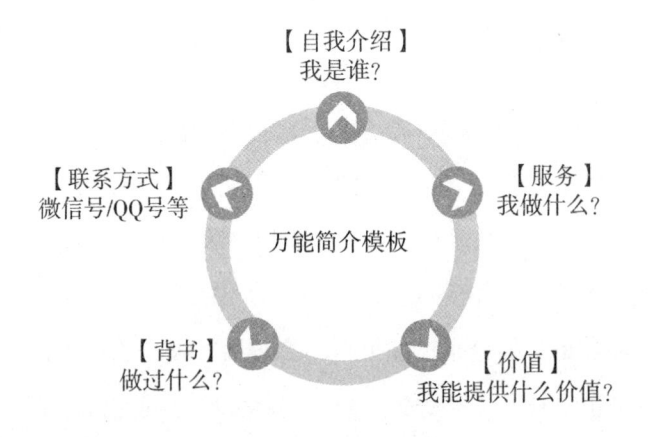

图2-4 万能简介模板

[①] 背书原指在支票等背后签名表示支付、收到或同意转让等，衍生意义指权威人士的认可、支持。

我们可以通过视频号"萧大业"的简介，更透彻地理解万能简介模板。

截至 2021 年 8 月 18 日，视频号"萧大业"的简介如下：

|企业管理专家｜创业导师｜天使投资人｜培训师｜

单条视频播放 2.4 亿次　点赞 860 万次　转发 160 万次

金视榜年度视频号峰会最具人气大奖

2020 视频号金 V 指数排行榜排名第一

2020 视频号号榜教育类博主排行第一

2020 视频号年度峰会教育博主第一

2020 视灯奖视频号年度最佳操盘手

2021 视频号意见领袖大会腾云奖

2021 房频视频号风云人物奖

萧大业 V 信：××××××

助理 V 信：××××××

"萧大业"的简介中包含了万能简介模板中的部分，其中"背书"部分的占比最大。通过这则简介，我们可以快速地了解"萧大业"视频号。我们在编辑自己的视频号简介时也可以参照模板，展现更丰富的信息，吸引更多"粉丝"关注。

2.2.3　头像设置：五个细节，让你的视频号头像更吸引人

对于一个视频号账号来说，讨喜的头像可以吸引更多"粉丝"，还可以拉近与用户之间的距离。因此，我们在选择头像时千万不能抱着"应付差事"的心理，随便选择一张图片，而是要保证头像真实，注重细节，让头像成为表达个性、传递品牌价值的媒介。我们在设置头像时，应注

意以下五个细节。

1. 保证头像真实、清晰

头像应该尽量选择真实的照片或图片，如个人形象照、萌宠照片、企业商标等，而且照片或图片应该具有较高的清晰度。

2. 不可侵权

不可使用明星照片作为头像，也不可冒用知名企业或机构的商标作为头像，这样的行为会构成侵权。

3. 不可导流

视频号头像中不可出现导流信息。比如，某视频号的头像是其微博账号的截图，该头像就包含了十分明显的导流信息。

4. 与品牌形象相符

头像要和品牌形象相符，视频号是我们塑造和传递个人品牌的重要渠道，如果视频号头像与品牌形象不符，将对品牌造成不良影响。比如，专业性较强的账号不宜使用娱乐化的头像，母婴类账号不宜使用过于商业化的个人形象照，企业账号不宜使用风景图作为头像等。

5. 不可经常更换头像

经常更换头像十分不利于账号的推广，还有可能导致"粉丝"的流失。如果你已经确定了一个头像，最好能保持长时间使用。

对于普通运营者来说，最适合的头像包括个人生活照、职业形象照、企业商标、卡通头像、萌宠照片。个人生活照可以反映运营者的真实生活,拉近运营者和"粉丝"之间的距离;职业形象照可以展现运营者的专业性,有利于塑造个人品牌;企业商标或品牌 Logo 可以增加企业或品牌的曝光度;萌宠照片,适用于萌宠类账号,可以吸引"粉丝"。

做好账号"装修",可以为后期账号的运营打好基础,而且我们可以通过吸睛的账号名字、精彩的简介和令人印象深刻的头像吸引"粉丝",在开通账号之初就开始获取流量。

2.3 账号认证:快速提高"粉丝"信任度

当我们完成账号"装修"后,就要进行账号认证了。进行账号认证,就是给账号添加一个"身份证明",使账号的形象更加突出,使账号的专业性更强,账号因此更容易获得"粉丝"的信任。

在视频号平台上,账号认证的方式有三种:企业和机构认证、兴趣认证和职业认证。我们可以根据自己的需要选择不同的认证方式。

2.3.1 视频号的三种认证方式

视频号的认证流程十分简单,只要达到规定的条件,并准备好相应的资料,就能顺利完成认证。视频号认证流程如图 2-5 所示。

下面,让我们来看看视频号的三种认证方式分别需要满足哪些条件。

1. 企业和机构认证

企业和机构认证适合企业、政府机构、媒体、社会团体、品牌机构等非个人主体。目前,申请企业和机构认证需要满足一个重要条件:具有已认证的公众号(包括订阅号和服务号)。如果企业还没有公众号,则

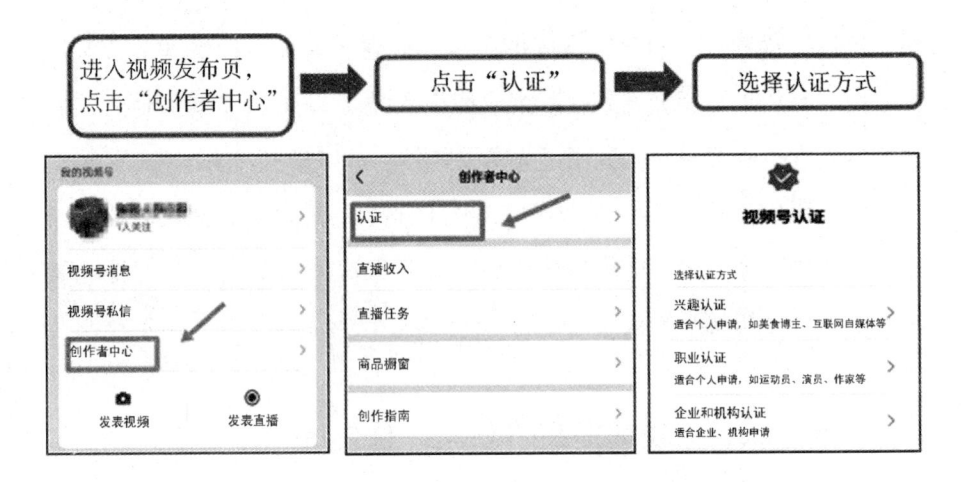

图 2-5 视频号认证流程

应先开通公众号并认证,然后再进行视频号认证。

此外,已认证的公众号应与视频号同名,如果不同名,则应该修改视频号名字后再进行认证。如果已认证的公众号名字超过了 20 个字符[①],则我们可以其中连续的 20 个字符作为视频号名字,然后再进行认证。

2. 兴趣认证

兴趣认证属于个人认证,适用于在对应领域持续发表原创内容的个人。兴趣认证可以为我们打上一个鲜明的标签,帮助我们更精准地触达目标用户。比如,"李子柒"的视频号认证是"美食博主","房琪 kiki"的认证是"旅游自媒体",视频号平台可以根据他们的认证,将他们的内容推荐给对美食或旅游感兴趣的用户。

目前,视频号的兴趣认证分为三大类,分别是自媒体、博主和主播,

---

① 一个汉字等于 2 个字符。

可认证的标签包括互联网、科技、科普、职场、教育、宠物、美妆、摄影、情感、生活、母婴育儿、动漫、娱乐、国学、收藏等几十种。我们在选择兴趣认证信息时，应先选择类别，再选择标签。比如，我们应先选择"自媒体"，再选择"科普自媒体"，如图2-6所示。

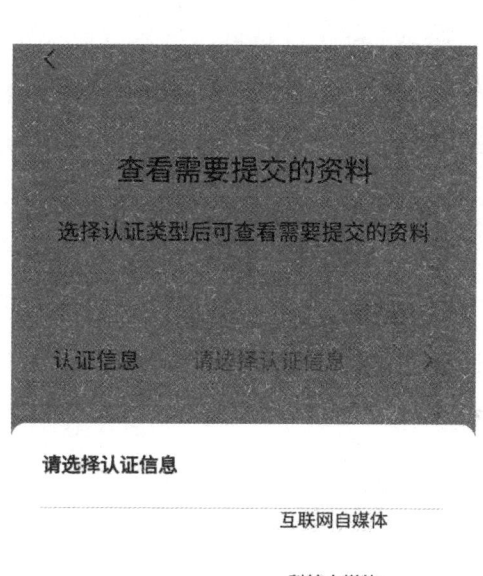

图2-6 选择兴趣认证信息

申请兴趣认证需要满足以下三个条件：

（1）近30天发表1个内容；

（2）视频号有效关注数①1000人以上；

（3）已填写简介。

我们在申请兴趣认证时，可以提交视频号、公众号或其他平台的"粉丝"数截图，以及后台截图和相关平台的实名信息截图，用于证明我们的影响力，以提升认证的通过率。

3. 职业认证

职业认证属于个人认证，适用于可以在对应行业内持续输出原创内容的专业人士。职业认证可以突出我们的专业形象，可以提升其他用户对我们的信任度。职业认证包括娱乐、人文艺术、财经、体育、游戏动漫、餐饮、健康医疗、教育、法律、交通运输、生活服务、IT通信等十几个行业。

我们在选择职业认证信息时，可以先选择行业，再选择行业下的细分领域和具体的职业，比如，我们应先选择"时尚"行业，再选择"化妆造型"，然后选择"化妆师"，如图2-7所示。

申请职业认证需要满足以下两个条件：

（1）近30天发表1个内容；

（2）已填写简介。

我们在申请职业认证时，可以提交在职证明、职称证明、作品荣誉证明、行业协会会员证明等材料，用于证明我们的职业与影响力，以提升认证的通过率。

---

① 有效关注数是指剔除可疑的非正常使用用户（如使用外挂、参与刷量等的用户）后的关注数。

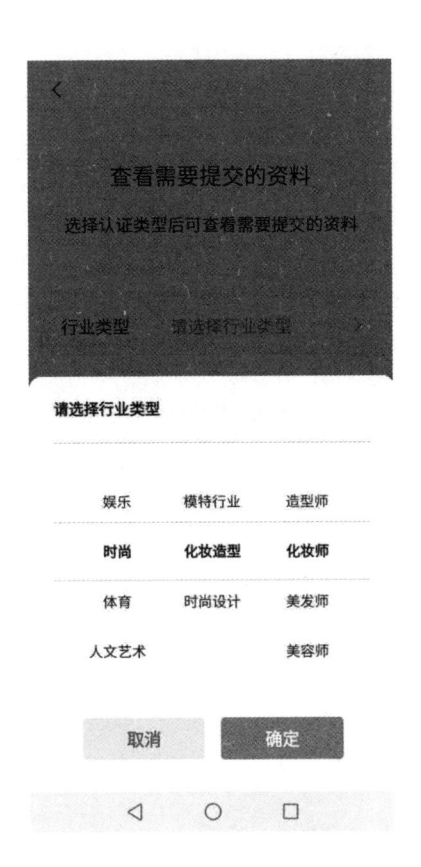

图 2-7 选择职业认证信息

值得注意的是，每个视频号只有一次申请认证的机会，两次修改认证的机会。因此，我们在选择认证时，一定要慎重考虑后再做决定。

2.3.2 不同认证图标的不同含义

认证完成后，视频号账号名字右侧就会出现认证图标，我们常说的"蓝 V"和"黄 V"就是认证图标。在视频号平台上，认证图标分为 4 种，分别表示不同的含义。视频号平台上的认证图标及其含义如表 2-2 所示。

表 2-2　　　　　　　视频号平台上的认证图标及其含义

认证图标	图标样式	含义
蓝 V	✔	已认证的企业或机构账号
黄 V	✔	已完成认证（兴趣认证、职业认证）的个人账号，且有效"粉丝"数超过 1 万人
白 V	✔	已完成认证（兴趣认证、职业认证）的个人账号，且有效"粉丝"数超过 1000 人
灰 V	✔	已完成认证（兴趣认证、职业认证）的个人账号，且有效"粉丝"数超过 5000 人

账号认证是视频号运营的关键一步，如果我们想长期运营视频号，就必须进行账号认证。不过，账号认证需谨慎，千万不可盲目跟风，而是要根据自己的需求和内容特点来选择认证类型。

2.4　内容上传：视频号基础操作入门

内容上传是视频号运营的基础，也是每个运营者都应该掌握的。在正式上传视频号内容之前，我们应该先了解视频号内容的展现形式、上传格式要求、内容上传步骤，以及内容规范。

2.4.1　视频号内容的展现形式、上传格式要求

视频号的内容展现形式包括图片和视频，它们的上传格式要求各不相同。视频号内容的上传格式要求如表 2-3 所示。

表 2-3　　　　　　　　视频号内容的上传格式要求

展现形式	视频	图片
推荐宽高比例	9∶16 或 16∶9	9∶16 或 16∶9
数量	—	不超过 9 张
时长	3 秒 ~ 30 分钟	—
文案	不超过 140 个字，超过 3 个非空白行的内容会被折叠	

我们在上传视频号内容时，应该按照表 2-3 中的格式要求对内容的尺寸进行适当调整，或在拍摄时预先设置好尺寸。

2.4.2　发布视频号内容的三大步骤

在视频号平台上发布内容只需要三个步骤。

第一步，进入视频发布页，点击"发表视频"按钮。

第二步，选择"拍摄"或"从手机相册选择"，并对视频或图片进行编辑后上传。我们也可以选择"用秒剪制作视频"，秒剪是微信推出的视频剪辑工具。上传并编辑内容截图如图 2-8 所示。

图 2-8 下方的 4 个白色按钮分别为"配乐""表情""文字""剪辑"。如果我们需要为视频配乐，可以点击"配乐"按钮，并选择合适的音乐；如果我们需要为视频添加表情和文字，只需点击"表情"和"文字"按钮即可；点击"剪辑"按钮后，我们可以将视频裁剪成需要的时长，还可以对视频进行分段裁剪。

第三步，编辑好视频内容后，点击"完成"，进入视频发表页面，为视频添加描述并发表。视频发表页面如图 2-9 所示。

图 2-8　上传并编辑内容截图　　图 2-9　视频发表页面

我们可以为内容添加相应的话题，或@相关的视频号账号。我们可以点击"活动"，参与或发起与视频相关的活动。我们还可以点击"链接"，添加公众号文章或红包封面（见图 2-10）。

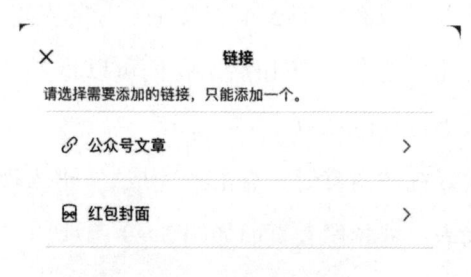

图 2-10　"链接"页面

通过以上三大步骤，我们就可以轻松发布视频号内容了。不过，在发布内容之前，我们应该了解视频号内容规范，以免触碰平台的"红线"，导致内容发布失败或者被平台限流。

2.4.3 视频号内容规范

我们可以在视频号上分享自己的创意或生活中的精彩时刻。只要我们的内容有趣、有价值，就一定会有人喜欢。但是，并不是任何内容都可以在视频号上发布，违法违规内容、侵权内容、恶意诱导用户的内容、引起用户不适的内容等都是平台禁止发布的。归纳起来，视频号平台禁止发布的内容包括四大类，如表2-4所示。

表2-4　　　　　　　　视频号平台禁止发布的内容

内容类型	具体内容
违法违规内容	（1）涉及淫秽色情、暴力恐怖、赌博等； （2）宣扬封建迷信、邪教； （3）含谣言、不实信息，扰乱社会秩序，破坏社会稳定； （4）利用视频号内容进行诈骗、传销、走私，销售法律禁止、限制销售的物品或服务； （5）其他违反法律、法规的内容
侵权内容	（1）侵犯他人著作权、商标权、专利权等知识产权； （2）未经授权，随意发布他人身份证号码、电话号码、家庭住址、微信号、照片等个人隐私； （3）侮辱、诽谤他人，损害他人名誉； （4）未经授权，发布企业商业机密，侵犯企业合法权益； （5）其他侵犯他人合法权益的内容

续 表

内容类型	具体内容
恶意诱导用户的内容	(1) 用实物、虚拟物品、虚假信息等诱导用户点赞； (2) 胁迫煽动他人点赞、转发、关注或评论； (3) 过度营销、过度商业推广，或频繁地向用户发送骚扰信息、广告信息等； (4) 以任何形式参与、鼓励和诱导非正常商业竞争
引起用户不适的内容	(1) 标题含有惊悚、极端内容，或含有引起用户不适的脏话、侮辱性词汇； (2) 以夸张、煽动性的描述诱导人们做某事； (3) 发布"钓鱼网站"等诈骗信息，导致用户上当受骗

"再小的个体，也有自己的品牌"，视频号给了我们创立个人品牌的机会。开通账号，发布内容，是我们运营视频号的第一步，也是最关键的一步。我们必须熟知并遵守平台的各项规定，做好账号"装修"，发布健康、高质量的内容。

第3章

内容生产：好内容决定80%的流量

视频号平台是一个"内容为王"的世界，只有创作出优质短视频内容，才能获得更多的流量。在创作短视频内容的过程中，运营者要牢牢把握"原创、垂直、组合"三大核心关键词，努力提高短视频的转化率。运营者还可以学习各种内容生产模板、内容框架设计、内容创作公式等，让短视频内容创作更加高效。

3.1 爆款视频号的选题策划诀窍

对于自媒体运营来说，内容为王是一个颠扑不破的真理，视频号运营也不例外。优质的内容是视频号吸粉、引流、变现的基础。俗话说"巧妇难为无米之炊"，如果没有优质内容，视频号的运营就无从谈起。

纵观各个自媒体平台的头部账号，无不是以优质内容起家的。比如，红遍全网的李子柒用风格独树一帜的生活美食类视频，演绎出令人向往的田园生活的三餐四季。从 2019 年开始，李子柒就陆续发布了"一生系列"视频，该系列视频记录了作物的"一生"，从播种到收获，最后被烹饪成美食。"一生系列"视频为李子柒在互联网斩获了大量流量。

再比如，在各个短视频平台均有出色表现的"秋叶大叔"同样是靠内容起家的。他的视频内容包括 PowerPoint、Word、Excel 等软件的操作技巧，以及自媒体运营方法等，可谓"干货满满"。而这些优质视频，正是"秋叶大叔"获取流量的关键。

事实证明，只有好内容才能带来大流量。如果我们想要将自己的视频号打造成头部账号，就要重视内容生产。做好短视频内容生产的第一步是策划选题，只有精准策划选题，才能为短视频内容创作定下基调。

3.1.1 五个维度，精准策划选题

我们在策划视频号内容选题时，不仅要结合自身的特点、特长、目

标用户群体的需求，还要考虑热点话题，要多维度、深层次地挖掘选题，找到最独特的切入点。一般来说，优秀的视频号选题应该满足三个条件：贴近用户，有价值，匹配账号定位。

贴近用户是指选题内容以目标用户的需求为导向，符合目标用户的喜好，贴近目标用户的生活。越贴近目标用户的选题，越能够得到目标用户的认可，并吸引更多人关注，视频的完播率[①]也会大大提升。

有价值是指内容对目标用户有价值，能够找到目标用户的痛点，并帮助他们解决问题。有价值的内容才能促使用户关注、点赞、评论和转发，并形成大规模传播。创作有价值内容的基础是用户定位，明确视频的主要受众群体，才能准确地挖掘他们的痛点。

匹配账号定位是指视频号的内容与账号的调性相符，具有垂直度。如果我们的视频号是一个美食账号，那么我们发布的内容就应该与美食相关，我们在策划选题时，应该深挖"美食"这一垂直领域。

那么，我们应该如何满足以上三个条件，策划更多优秀的选题呢？我们在策划时，应该考虑以下五个维度。

1. 目标用户需求

目标用户需求是我们首先应该考虑的维度。如果选题不能覆盖目标用户的痛点，不能满足目标用户的需求，那么无论这个选题多么新颖，都难以吸引他们关注。比如，我们的目标用户群体是大学生，那么我们的选题就应该与大学生的需求相关，如求职、兼职、自我提升、情感、留学、考研、美妆、运动、游戏、旅行等。

[①] 完播率是指视频的播放完成率，完播率 = 看完视频的用户数/点击观看视频的用户数 × 100%。

2. 需求频次

需求频次是一个市场营销学术语，用通俗的话解释，它是指人们在日常生活中产生需求的频次高低。比如，对于大学生群体来说，求职是每个人都要面临的事，是绝大部分人关心的话题，是高频需求。相比之下，留学是少部分人面临的事，是频次较低的需求。

很显然，如果我们能满足用户的高频需求，就能够获得更多用户的关注。如果我们想要在账号运营初期吸引大量"粉丝"，积累较多的流量，在确定选题时就要更关注高频需求，尽量选择大部分目标用户感兴趣的题材，以及对大部分目标用户有帮助的题材。

3. 差异化

目前，短视频行业的竞争十分激烈，每个领域都有不少同类竞品。我们要在选题和内容方面展现差异化，只有这样，才能提高账号的识别度，从竞争中脱颖而出。

4. 叙事视角

我们在策划选题时还应考虑叙事角度，同样的选题可以通过多种角度呈现。比如，对于一场拳击比赛，我们可以站在运动员、教练、裁判、观众等的角度去呈现；对于一则社会新闻，我们可以从不同的角度去解读，而且我们还可以根据实际情况，变换不同的视角。有时候，与众不同的叙事角度可以使"老"选题焕然一新。

5. 执行难度

随着短视频行业的发展，人们对短视频的要求越来越高。我们不仅要有好选题，还要有让选题"落地"的执行能力。我们要问问自己：我能否拍摄出符合选题的视频？我根据选题拍摄的视频是否符合要求？我是否有能力进行相关选题的内容运营？执行难度是我们在策划选题时必须考虑的问题，如果某个选题的执行难度过大，无法呈现应有的效果，那么我们就必须做取舍。

以上五个维度可以帮助我们快速找到适合自己的选题。当你为短视频选题抓耳挠腮时，不妨按照上面的五个维度对选题进行筛选。

3.1.2 七大类型，视频号选题更受欢迎

我们在策划选题时，除了要结合实际情况且贴近目标用户，还要考虑平台的特点。那么，在视频号平台上，哪些选题更受用户欢迎呢？通过调研，笔者发现以下七类选题最受用户欢迎。

1. 情感鸡汤类

从传统媒体时代到新媒体时代，情感鸡汤类选题长盛不衰。这类选题能触动人们的心弦，引起用户广泛的共鸣，或许它不能帮助人们解决问题，却能抚慰人们的心灵。纸媒时代的《知音》杂志，电视媒体时代的《金牌调解》《婚姻保卫战》等电视节目，新媒体时代的情感类文章、短视频等，都有数量庞大的受众群体。

情感鸡汤类选题之所以受欢迎，是因为它很容易引起人们的共鸣。

情感鸡汤类选题涵盖的范围很广，包括亲情、友情、爱情等与情感相关的话题，以及感恩、责任、奋斗、拼搏等与个人成长相关的话题。有些情感鸡汤类内容还会探讨一些社会现象，关注一些社会特殊群体。不过，虽然情感鸡汤类选题多种多样，但它们都离不开正能量。

充满正能量的情感鸡汤类内容很容易受到中老年人和城市基层劳动者的青睐，前者重视家庭，后者需要更多的鼓励。在视频号平台上，有一些账号专门服务于这类用户群体，通过充满正能量的情感鸡汤内容收获了大批"粉丝"，比如"长春奇点""久久恋爱学"等。

在情感鸡汤类内容中，与婚恋相关的内容占比最高，受众也最广。婚恋类选题包括夫妻、婆媳的相处之道，经营婚姻和家庭的方法，以及对婚姻、恋爱问题的探讨等。我们要找到比较独特的切入点，并制作出质量过关的内容，从而达到吸引流量的目的。

个人成长感悟类选题也总是能引起人们的共鸣，因为个人成长类选题往往更加贴近普通人的生活，通过这类选题，人们可以看到自身的经历和烦恼。为了不脱离时代，我们在创作个人成长类内容时，可以结合社会热点，以及人们普遍关注的社会问题，站在特定的角度上进行探讨，尽量做到"言之有物"。要注意的是，我们输出的观点和选择的立场应该符合公序良俗，不违背法律和道德规范。

2. 生活记录类

在视频号平台上，生活记录类内容的热度居高不下，如农家生活、山村野趣、钓鱼赶海等。一方面，人们希望通过观看短视频体会不一样的生活；另一方面，生活记录类选题的内容范围十分广泛，我们在日常生活中提取的某个"片段"或许就能成为点赞量达"10万+"的爆款内容。

比如，视频号"幸福生活记录者"的运营者是一名医务工作者，该视频号发布的内容记录了医务工作者的生活和工作日常。其中点赞量最高的两条视频记录了医务工作者抗击新冠肺炎疫情的经历，点赞量都达到了"10万+"。记录医务工作者生活和工作的高赞视频截图如图3-1所示。

图3-1 记录医务工作者生活和工作的高赞视频截图

人们对于自己不了解的行业和不熟悉的生活，总是充满好奇。如果你身处特殊行业，或者过着与众不同的生活，那么你可以从自己的生活中取材，以记录生活的形式创作内容。当然，如果你有一双善于发现的眼睛，也可以从平凡的生活中找到切入点。需要特别注意的是，生活记录类选题的最大特点是真实，我们在策划选题时一定要贴近生活，避免失真。

3. 实用技巧类

如果你是某个领域内的专业人士，或具备一定的专业知识，能为一部分用户解决某些问题，那么，你可以将实用技巧作为自己的选题方向。

针对性较强的实用技巧类内容，往往可以解决目标用户的痛点，因此很容易获得流量。

比如，视频号"光头恭喜讲装修"发布的视频"装修中最不值得花钱的十种东西"中列举了装修中常见的坑，以及不该花的冤枉钱，能为有装修需求的用户提供帮助，解决了装修"小白"的痛点，因此这条视频获得了"10万+"的点赞量。"装修中最不值得花钱的十种东西"视频截图如图3-2所示。

4. 教育类

教育是人们普遍关心的话题，也是比较容易创作出爆款视频的选题类型。视频号平台上有许多教育类内容，这些内容大多从家庭教育或学校教育中的常见问题入手，分析原因，给出解决方法。

比如，视频号"朗读君"发布的视频"孩子犯错不要批评，7句话搞定！"中，从"孩子犯错，父母打骂"现象入手，抛出了"不应随意打骂孩子"的观点，并提供了与孩子沟通的话术。视频既点出了"父母随意打骂孩子"的教育痛点，又给出了便于家长实操的方法，因此很快获得了"10万+"的点赞量。"孩子犯错不要批评，7句话搞定"视频截图如图3-3所示。

5. 追热点类

在自媒体领域中，热点和流量之间的关系密不可分，与热点相关的内容具有天然的流量优势。因此，我们应该时刻关注社会热点，并找到与账号调性相符的切入点，借助热点事件表达自己独到的见解和观点，以获得流量。

图3-2 "装修中最不值得花钱的十种东西"视频截图

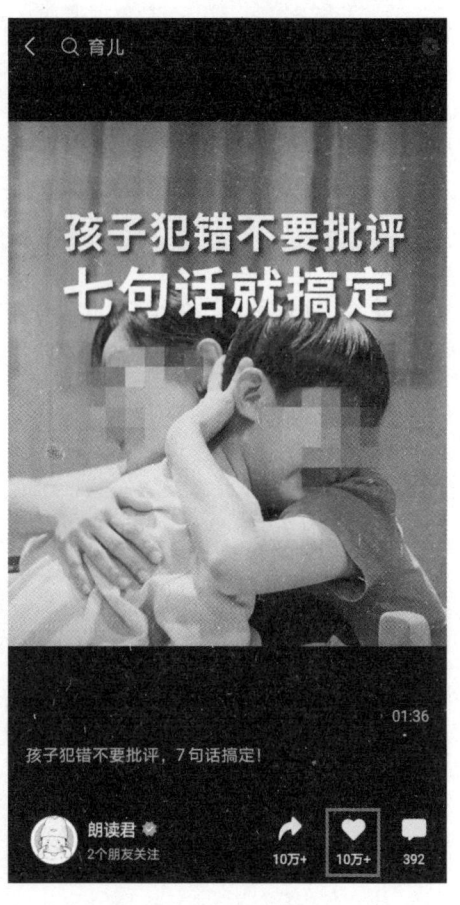

图3-3 "孩子犯错不要批评，7句话搞定"视频截图

不过，我们不能盲目地追热点，更不能什么热点都追。在追热点之前，我们应该考虑三个问题：该热点是否与账号定位、调性相符？该热点是否有讨论的必要？该热点是否能引出自己的观点？如果答案都是"否"，那么这个热点就不值得追。此外，有些触及了道德和法律底线的热点，也不应该追。

6. 美食类

民以食为天。美食类选题的目标受众群体十分庞大，而且，美食类内容很容易引起人们的共鸣。美食分享、探店类视频会激发人们的食欲，还会激发人们动手实践或尝试的热情。

比如，视频号"黄大维美食"发布的视频"青椒肉丝到底是先炒青椒还是先炒肉，肉丝要怎么腌才能嫩滑我教你？冬日限定美食大赏"获得了"10万+"的点赞量。这条视频介绍了青椒炒肉丝这道家常菜的做法。"青椒肉丝到底是先炒青椒还是先炒肉，肉丝要怎么腌才能嫩滑我教你？冬日限定美食大赏"视频截图如图3-4所示。

图3-4 "青椒肉丝到底是先炒青椒还是先炒肉，肉丝要怎么腌才能嫩滑我教你？冬日限定美食大赏"视频截图

7. 健康和健身类

没有人不希望自己有好身体和好身材，在视频号平台上，健康和健身类内容所占的比例十分可观，该类选题的受众范围也十分广泛，关注养生的中老年人和热爱健身的年轻人都喜欢观看这类内容。而且，由于健康和健身类内容可以展现积极的生活态度，很多用户都乐于在朋友圈分享这类内容。

3.1.3 积少成多，建立丰富的选题库

对于短视频运营者来说，找到好选题需要灵感，但更离不开平时的积累。因此，建立一个选题库是非常有必要的。一般来说，我们可以将选题库分为：常规选题库、爆款选题库、活动选题库。

1. 常规选题库

常规选题是永远都不会过时的选题，它们源于人们的日常生活和工作。我们每天接触的人、事、物等信息，都可以被提炼成选题。因此，我们要有意识地将适合作为选题的信息收集起来，纳入选题库。

2. 爆款选题库

爆款选题可以帮我们追赶热点，在短时间内获得较多的流量，甚至有可能让我们的视频成为爆款视频。一般来说，爆款选题来自各大热门榜单，比如抖音热搜榜、微博热搜榜、百度指数、头条指数等。我们要特别关注全网范围内的热门榜单，以便掌握流行趋势和新闻热点，并将其融入短视频选题中。

3. 活动选题库

活动选题是指与节庆活动相关的选题。我们可以在节庆活动到来之前就确定相关选题。国庆节、春节、中秋节、端午节等是人们比较关注的重大节日，我们可以提前收集相关选题素材并进行筛选。此外，视频号平台的官方话题活动是重要的活动选题来源，我们可以根据实际情况参与。

在视频号的运营过程中，我们应该将收集选题及选题素材当成日常生活的一部分通过上文介绍的方法，我们能够总结出一套适合自己的选题策划技巧。

3.2 打造高转化率内容的三个关键词

转化率是我们判断一条短视频优秀与否的重要标准之一。我们打造优质内容的目的不仅仅是吸引用户观看和点赞，让用户关注账号成为"粉丝"，才是我们的最终目的。因此，我们在创作视频号内容时，要以提高转化率为导向。

我们在打造高转化率视频时，应该把握三个关键词：原创、垂直和组合。原创是内容创作的门槛；垂直是吸引目标用户的基本策略；另外，我们还要充分利用背靠微信生态圈这一优势，将视频号与公众号的内容组合起来，使其产生"1＋1＞2"的效果。

3.2.1 原创：更快获得平台扶持的不二法则

在内容创作领域，原创是基本准则，每个自媒体平台都鼓励原创、支持原创，可以说，在如今的自媒体行业，只有原创内容才能生存。对于平台来说，原创内容是源头活水，只有获得更多的原创内容，平台才能健康运转；对于账号运营者来说，原创内容是获得平台扶持和用户流量的关键。如今，用户对原创的敏感度也越来越高，搬运和抄袭的内容几乎不可能得到他们的青睐。为了视频号的持续运营，为了获得更多的流量，我们必须坚持原创。

不过，对于一个新手来说，原创内容并不是一件容易的事。我们可以从借鉴其他优秀作品开始，通过以下四个步骤提升自己的原创能力。

1. 借鉴

当我们还没有能力创作优质原创视频时，可以选择借鉴其他的优秀作品。我们可以学习优秀作品中的"梗"① 和点子，并将其运用到自己的内容中。不过，我们在借鉴的过程中不能原样照搬，而是要进行适当改编，使其更贴合视频的主题。

2. 改编

借鉴不是长久之计，我们要分析同类头部账号和爆款内容，总结出它们的优点，并在此基础上进行改编。

假设你在运营一个美妆视频号，你发现最近仿妆视频十分火爆，很多头部美妆自媒体账号都发布了仿妆视频，包括明星仿妆、动漫人物仿妆等。你则需要总结各类仿妆视频的优点，并将这些优点运用到自己的仿妆视频中。

3. 重复

当我们从同类账号和同类优秀作品中总结出一些"套路"，并加以运

---

① 梗是网络用语，指笑点，常出现在综艺节目及网络中，也常用于流行事物，如综艺、动画剧、动画电影、真人剧、真人电影、漫画、小说、电子游戏中。

用后，我们就要持续地输出内容，不断地应用我们总结出来的"套路"和技巧。俗话说"熟能生巧"，不断重复能让我们更快地掌握方法和技巧，能更好地锻炼我们的内容创作能力。

4. 创新

当我们熟练掌握内容创作的方法，并积累了一定经验以后，就要开始创新了。这里的创新是指我们要创造属于自己的"套路"。

对于视频号的运营新手来说，原创内容并不容易。但我们可以通过以上四个步骤积累经验，循序渐进地提升创作能力。一定要记住一点，只有坚持原创，我们才能具备原创能力。

3.2.2 垂直：通过内容深度抢占用户心智

在视频号平台上，有一些账号虽然每天坚持发布原创内容，但始终无法实现"涨粉"，也没有获得变现的机会。这是为什么呢？

事实上，我们只要粗略地浏览一遍这些账号的内容，就会发现它们有一个共同点：发布的内容五花八门，今天发美食内容，明天发养生内容，后天又发健身内容，看起来什么都有，却什么都没有。这类"东一榔头，西一棒子"的视频号很难培育出忠实"粉丝"，也很难找到目标用户，因为这类账号没有明确的定位，内容也并不垂直。

这里的"垂直"是指视频号发布的内容与账号的定位一致。如果一个美食类视频号只发布美食类视频，那么这个美食类视频号的内容就是垂直的；如果这个美食类视频号专攻面食，只发布面食相关的视频，那么这个视频号的内容不仅垂直，而且做到了"一米宽，百米深"。

账号发布的内容越垂直，越容易获得精准目标用户，也越容易获得更精准的流量。因此，我们要从以下三个方面出发打造垂直化内容。

1. 明确定位

在大批量生产短视频内容之前，我们应该先明确账号的定位。我们可以从专业、兴趣和市场三个维度出发，确定账号的定位，如图3-5所示。

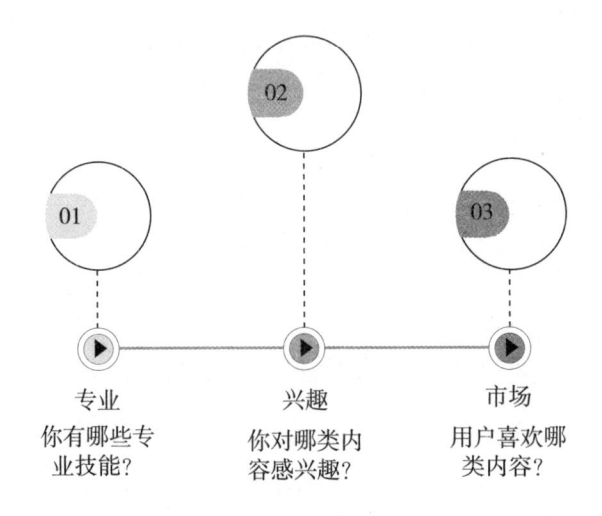

专业
你有哪些专业技能？

兴趣
你对哪类内容感兴趣？

市场
用户喜欢哪类内容？

图3-5 确定账号定位的三个维度

在明确账号定位的过程中，可能有人会担忧：这类内容已经有很多人在做了，市场已经接近饱和了，我还有机会吗？不妨换一个角度看问题。

如果某个内容领域内已经有一部分视频号在深耕，这至少证明这类内容是受用户认可的，我们的选择没有错。先进入该内容领域的视频号已经帮我们验证了市场，我们要做的是将内容做出差异化，形成自己的特色。因此，我们要多关注同类视频号，一边学习，一边找自己能做出差异的点在哪里。

2. 分析目标用户

为了让内容更垂直，更有针对性，我们要认真分析目标用户群体的特征，包括他们是哪些人，他们的年龄、性别、所在地等情况，他们的受教育情况如何，他们对内容有哪些偏好。只有了解了目标用户的特征，我们才能有针对性地进行内容创作。

我们可以通过新媒体数据平台获取用户信息和用户特征，墨推数据、友望数据、新视等知名数据平台均提供视频号相关的数据服务，腾讯公司更是推出了视频号官方数据分析工具——视频号助手，我们可以根据自己的需求选择适合的数据平台。

通过视频号助手的数据中心，我们可以获得关注者数据、动态数据和直播数据。在"关注者数据"页面，我们不仅能看到详细的关注者增长情况，还能看到"关注者画像"（关注者超过10人后可生成关注者画像）。关注者画像能告诉我们目标用户群体的特征。视频号助手的"关注者数据"页面截图如图3-6所示。

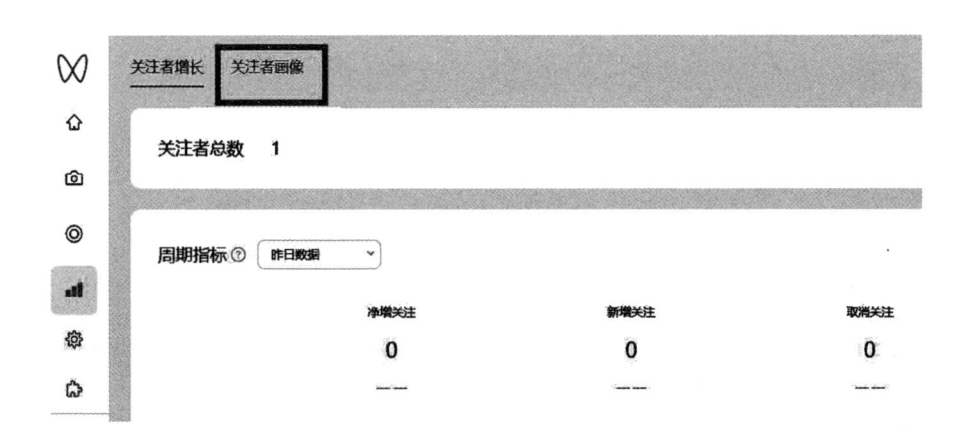

图3-6 视频号助手的"关注者数据"页面截图

在视频号运营初期，我们的目标用户群体可能并不明确，而且可供分析的用户样本也不多，此时我们很难准确地分析目标用户的特征。但我们可以尝试不同的内容风格，并根据用户数据和用户反馈及时地调整内容风格。

3. 持续输出

内容的垂直化不仅需要精准的定位，更需要长期、稳定的输出。只有持续输出垂直领域相关的内容，才能在用户心中打下烙印，形成个人品牌。而且，在持续输出的过程中，我们可以对垂直领域进行深度挖掘。

比如，我们可以在一般时间内集中发布同一个主题的内容，让我们的短视频作品形成体系。比如，某美食视频号发布的短视频包括"美食分享""美食游记"和"厨房百科"三个系列，该视频号的运营者在发布短视频时会带上不同的标签，比如"#美食分享#"和"#厨房百科#"。该视频号通过划分内容体系，对垂直领域进行了再次细分，不仅满足了不同用户的需求，也提升了内容的深度和丰富度。

3.2.3 组合：注重"视频号+公众号"的内容组合

为了进一步提升内容的转化率，我们除了要在内容本身上下功夫，还要学会借助微信生态圈的力量。在微信生态圈中，视频号和公众号是两个重要的内容平台，如果我们能将二者有机结合起来，运用"视频号+公众号"打内容组合拳，就能产生"1+1>2"的效果。

那么，我们应该如何打好这套组合拳呢？

1. 绑定视频号和公众号

视频号和公众号的绑定方法如图3-7所示。

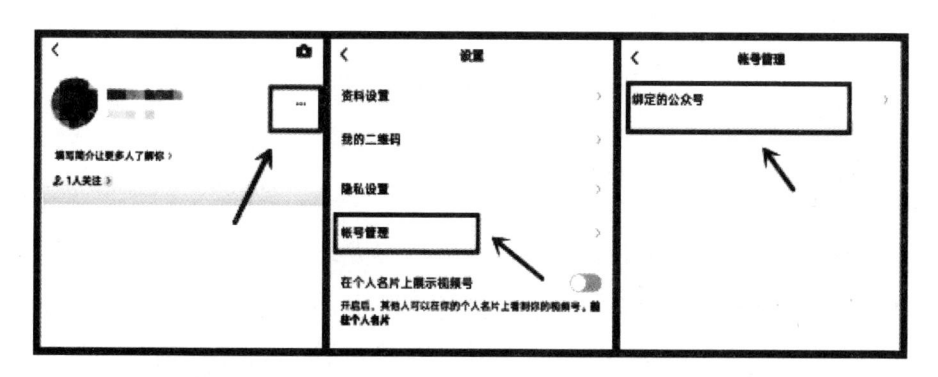

第一步：点击视频号个人主页右上方的"…"，进入"设置"页面

第二步：点击"设置"页面中的"账号管理"

第三步：点击"绑定的公众号"

图3-7 视频号和公众号的绑定方法

企业账号绑定公众号的条件是：视频号和公众号的主体相同。个人账号绑定公众号的条件是：视频号和公众号的管理员相同。只要满足绑定条件，就可以将视频号和公众号绑定。绑定后，视频号主页会显示公众号，公众号展示页也会显示视频号。

2. 打通通道，互相引流

将视频号和公众号绑定只是"视频号+公众号"内容组合拳的第一步，接下来，我们需要通过各种形式打通视频号和公众号间的通道，使二者互相引流。

我们可以在视频文案中加入公众号推送链接，并提醒用户查看公众号推送。比如"本期视频中提到的书单已经放在公众号推送中了，想了解详细内容的,请点击下方链接"或"我的公众号中还有更多视频号运营技巧,如果你感兴趣,可以点击下方链接"。

我们还可以将提醒话术放在视频中。比如,在视频结尾处用口播话术提醒用户"如果你想了解更多详细内容,请戳视频下方的链接",或是"点击视频下方的链接,可以得到一份专属资料包"。

3. 优势互补,内容组合

我们要充分利用视频号和公众号各自的优势,使短视频和图文内容相互补充,形成内容组合。比如,美食视频号"曼食慢语"发布的"波奇碗万能公式"将短视频和公众号文章结合起来,在短视频中介绍了波奇碗的多种做法,在公众号中介绍了详细菜谱和制作要点。通过这样的内容组合,用户既能通过短视频了解波奇碗这种美食及烹饪过程,又能通过公众号文章获得详细食谱和制作要点,产生了"1+1>2"的效果。

相比图文内容,短视频内容更加生动、直观,但受时长限制,它不能面面俱到地呈现所有信息。我们如果可以将图文和短视频结合起来,就能为用户提供更丰富、更生动、更有深度的内容。而视频号和公众号恰恰给了我们这个机会,让我们能够打一套"视频号+公众号"内容组合拳。

3.3　15秒短视频内容框架设计

元代文学家陶宗仪在《南村辍耕录》中写道:"作乐府亦有法,曰凤头、猪肚、豹尾六字是也。"他认为诗文的开头要像凤头一样绚丽、精彩,主体要像猪肚一样内容丰富、充实饱满,结尾要像豹尾一样简洁有力、潇洒自如。

陶宗仪的观点不仅适用于诗文写作,同样适用于短视频内容创作。

即使一条时长为15秒的短视频,也应由抓人眼球的凤头,有情、有趣、有用的猪肚,以及响亮、有力的豹尾组成。

为了让短视频拥有凤头、猪肚和豹尾,我们应该精心搭建其内容框架,用前3秒稳、准、狠地抓住用户;用中间9秒呈现精彩故事,抛出实用方法;用最后3秒输出观点,点出重点。

3.3.1 前3秒:稳、准、狠,抓住用户,说他们想说的

短视频的开头非常重要,必须牢牢抓住用户的注意力,让他们继续看下去。我们应该如何在3秒之内完成这个任务呢?答案是:说用户想说的。

用户想说的就是他们最关心的、最需要的、最烦恼的、最想解决的,即用户的痛点。我们应该在短视频的前3秒点出用户痛点,让用户在最短时间内与短视频内容产生共鸣,并产生继续看下去的想法。

点出用户痛点的方法有很多,比如提出问题、设置情境、制造冲突,还可以开门见山地指出用户痛点。表3-1列举了几种典型的短视频开头方法,希望对大家有所帮助。

表3-1　　　　　　　　典型的短视频开头方法

短视频开头方法	作用	范例
提出问题	引起用户好奇,启发用户思考,引导用户从短视频中寻找答案	"每天洗头,你的头皮洗干净了吗?""'90后'已经开始脱发了,你的头发还好吗?"

续 表

短视频开头方法	作用	范例
设置情境	把用户快速带入情境，引起用户共鸣	"长期'996'①，连续加班1个月，我应该跳槽吗？" "好不容易买了新房，还没来得及开心，就要和装修公司斗智斗勇。"
制造紧迫感	使用户产生紧迫感，吸引他们观看后面的内容	"××××年最新买房政策，再不了解就晚了。" "这三种类型的房子，千万不要买。"
开门见山	直接点出用户痛点，引导用户继续观看视频	"短视频发布了好几个小时，观看量依然是个位数，问题到底出在哪里？" "每天都在为短视频的选题发愁，绞尽脑汁还是找不到方向。"

无论我们的短视频以哪种方法开头，都要说用户想说的，即点出用户的痛点，提出用户关心的问题。只有这样，用户才会继续看下去。

3.3.2 中间9秒：站在用户角度讲故事、做分享

短视频的中间9秒是支撑整个内容框架的主题。在这9秒内，我们应该站在用户的角度讲故事、做分享。换句话说，我们要讲用户想听的故

---

① 996工作制是一种违反《中华人民共和国劳动法》的延长法定工作时间的工作制度，指的是早上9点上班、晚上9点下班，中午和傍晚休息1小时（或不到1小时），每日总计工作10小时以上，并且一周工作6天的工作制度。"996"反映了部分企业中盛行的加班文化。

事，分享用户想了解的信息。因此，短视频中间9秒的内容应该具备以下五个特点。

1. 有情

有情是指与用户产生情感共鸣，使用户对短视频内容产生认同感。为了做到有情，我们必须抓住目标用户的心理，找准他们普遍关心的问题。我们可以从每个人都具备的情感、一代人或一个群体的共同经历、普世价值观等方面入手寻找共鸣点。后文中将详细介绍找到情感共鸣点的方法，这里就不再展开了。

2. 有趣

有趣是指短视频内容能引发用户的兴趣，能吸引用户看下去。我们应该如何让短视频的中间9秒更有趣呢？方法有很多，比如为故事设计巧妙的起承转合，运用幽默段子，使用有趣的道具，布置适合的场景，进行夸张的表演等。

使短视频变得有趣的方法有很多，我们应该根据内容和用户的喜好选择恰当的方法。然而，在情感故事中加入夸张的表演，进行干货分享时讲与内容无关的笑话，或者开低俗的玩笑，都是不恰当的方式。我们在为短视频增添趣味时，应该做到合情、合理、合规。

3. 实用

实用是指短视频内容应该击中用户痛点，解决用户的问题，缓解用户的焦虑。我们在创作短视频时，应该考虑一个问题：用户可以从我们的短视频中获得什么？

4. 有热点

有热点是指短视频内容紧贴时事热点，积极弘扬正能量。在视频号平台上，积极向上的内容更受用户的青睐。一定要明白，如果为了追热点而创作低俗、庸俗的内容，只会逐渐流失用户，甚至遭到平台的封号处罚。

5. 有个性

有个性是指与同类作品相比，自己的短视频有突出的风格，具有鲜明的差异性。想要让短视频有个性，我们一方面要在内容策划上下功夫，用新颖的角度和独特的创意，使短视频的内容更加精彩；另一方面，我们要在拍摄和剪辑上下功夫，使短视频有更独特的视觉效果。

短视频的中间 9 秒至关重要，只有做到上述五点，短视频才有可能打动用户，从而达到吸引他们点赞、关注的目的。

3.3.3 后 3 秒：砸重点，输出观点，说自己想说的

短视频的最后 3 秒是输出观点的时间，这 3 秒的内容必须简洁、有力，能起到打动用户或号召用户行动的作用。

很多人在短视频的最后 3 秒犯了一个错误，那就是用这几秒的时间做自我介绍，比如"我是互联网营销实战专家××，曾在××企业服务××年，实现业绩增长××倍。如果你想了解更多营销实战技巧，欢迎关注我"。这样的结尾不仅冗长无聊，而且没有输出任何观点，也没有给用户有价值的建议，显然不足以成为豹尾。如果我们换一个思路，将这段自我介绍换成建议，并加上观点输出，效果就会大不一样。

比如，我们可以将短视频的结尾改为："总结起来，成功开发精准客户的诀窍有三点……如果你想突破销量瓶颈，想学习更多营销实战经验，欢迎关注我的视频号。"

在这几秒时间里，我们要点出重点，输出观点，提出建议，以加深用户对短视频内容的印象。我们还可以在这几秒时间里再次提出用户痛点，并结合痛点阐述自己的观点和方法，使短视频首尾呼应。

3.4 视频号内容创作黄金公式

当你点开某条短视频后，是什么原因促使你耐心看完整条视频并为其点赞、评论？答案无外乎以下三类：

（1）能使你产生共鸣（有情）；

（2）能使你有所收获（有用）；

（3）和其他短视频不一样，能使你有耳目一新的感觉（有个性）。

把这三类答案综合起来，就得到了视频号内容创作的黄金公式，如图3-8所示。

好内容 = 有情 + 有用 + 有个性

图3-8 视频号内容创作的黄金公式

3.4.1 有情——使用户产生共鸣

人非草木，孰能无"情"。以情感为内核的传播内容始终有着基数庞大、阶层各异的消费群体。因为加入了情感内核的传播内容往往拥有打造爆款的关键——共鸣。

你不妨回想一下：那些曾经驱动你看完、点赞和评论的视频号内容，是不是都有一个"钩子"，能"钩"到你的内心深处，字字触碰你的神经，句句说出你的心声，让你发自内心地认同并喜欢？

这便是情感共鸣的重要性，它启示着我们：加入了情感元素，能够引发用户共鸣的视频号内容，更容易获得流量。

那么，在打磨视频号内容时，如何才能找到合适的情感共鸣点呢？笔者认为可以从三个维度入手：经历共鸣、感受共鸣、价值观共鸣。这三个维度的共鸣点也代表着情感共鸣的三个层次，如图 3-9 所示。一般而言，层次越高，越具有成为爆款的潜质。

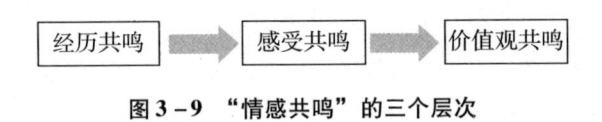

经历共鸣 ➡ 感受共鸣 ➡ 价值观共鸣

图 3-9 "情感共鸣"的三个层次

1. 经历共鸣

经历共鸣是指短视频内容中所呈现的某种经历能够使用户回想起自己的过去。

比如，视频号"我们 80 年代"曾发布了"忘不掉的记忆——看小时候的你多牛哄哄""曾经的记忆——当年都是这样放炮的""回不去的童年——小时候穿过这种衣服的举手"等一系列短视频。这些短视频里的许多情节、故事都是"70 后""80 后"网友的共同回忆，能让他们回想起自己的小时候，这就是一种典型的经历共鸣。

从数据上看，这类短视频的点赞量都很高，以"忘不掉的记忆——看小时候的你多牛哄哄"这条短视频为例，其点赞量高达 8 万，评论数也达到了 1000 多条，如图 3-10 所示。

图 3-10 "我们 80 年代"短视频截图

经历共鸣更像是一种情怀，它突出的是人的记忆。不过，每代人的经历不一样，即便是同一代人，同样的经历带给他们的感受也会有所区别。因此，经历共鸣这一技巧具有一定的局限性，在使用这种共鸣技巧打磨短视频内容时，视频号运营者首先要确定目标用户是不是和自己生活在同一个时代，有没有和自己相似的经历。

2. 感受共鸣

感受共鸣是指短视频内容所传递的某种感受，比如委屈、无助、遗憾、愤怒、喜悦、幸福等，能唤起用户心中曾经的感受，从而产生共鸣。

例如，视频号"悦读智慧"曾分享了演员刘敏涛演讲的某个片段："生活并不是童话，结婚照上明媚的笑容并不是此后生活的全部表情。我的婚姻维持了七个年头，我们聚少离多。我曾经尝试按照约定俗成的这种分工，做一个在家中支持他、等待他的妻子，承担起了养育女儿的这份应该有的责任，不让他分心。但是精神交流和情感沟通的缺失，逐渐让我怀疑起这段婚姻，它存在着实际意义。既然循规蹈矩、随波逐流的生活并没有给我带来预期的幸福，反而让我在本该神采飞扬的大好年华活得卑微而苍白，那不如就做我自己，靠我自己，放飞自己，成就自己，随心所欲地去冒险、去生活，试试自己的极限，到底在哪里……"

在这则短视频中，刘敏涛所传递出的对婚姻的隐忍以及在婚姻中产生的孤寂、失望、不值得的情绪打动了一众有同样感受的女性用户，引发了很多女性的共鸣。而她所传达出的不想在神采飞扬的大好年华活得卑微而苍白的愿望，也感染并鼓舞了许多人，这是一种典型的感受共鸣。

从数据上看，这条短视频已累计获得了 5 万多的点赞量，对于一条"搬运"视频而言，成绩已算不错了。

相比于经历共鸣，感受共鸣更高阶，也更容易实现。不同于每一代人都生活在不同的时代、每一个人都有不同的经历，人的情绪和感受只有那么几种，在同一种文化里，描绘情绪和感受的词语也是相似的，很容易引发共鸣。

比如，当你遇到困难时，你会感到焦虑、慌张、无助，用户也一样；

当你走出困境或获得成功后，你会感到幸福、快乐，用户也一样；当你遇到令你心动的人时，你会心跳加速，用户也有同样的感受……

3. 价值观共鸣

价值观共鸣是指短视频里表达的观点、传达的思想、表明的态度等，得到了用户的认同。

价值观共鸣是最高阶的共鸣，如果说经历共鸣和感受共鸣是通过短视频将短视频运营者和用户链接起来，那么价值观共鸣就是让用户从短视频中找到同伴、找到归属。它代表的是一种接纳和认可，能够让用户产生一种"原来你也是这样想的，原来我们是一路人"的共鸣。在这三种共鸣中，价值观共鸣最容易被用户接受，也最容易因为得到更多的用户共鸣而被送到点赞"10万+"的位置。

例如，视频号"A励志人生"发布的许多短视频内容都是截取一些名人的发言片段，这些片段无一例外都很励志，都传递着充满正能量的价值观，能引发用户的共鸣。以"杨幂——不要随便嘲笑别人的疤，因为那是你没有经历过的伤"这条短视频为例，目前点赞量已达到"10万+"。而取得这个好成绩的背后，显然离不开价值观共鸣的加持。

总之，一个好的、被用户喜爱、让用户愿意看并自发点赞的短视频，一定具有情感内核，能掌控人心和人性，引发用户的共鸣。

3.4.2 有用——使用户有所收获

视频号与抖音、快手的区别之一在于视频号属于信息流产品，更强调社交属性；抖音、快手则更强调娱乐属性。这决定了相比于纯粹主打情感或纯娱乐化的内容，在有情、有趣的同时还有用的内容更受视频号用户青睐。

例如，当你刷抖音、快手时，如果看到颜值"爆表"的博主或者无厘头的搞笑内容，你是不是会毫不犹豫地点赞？当你在视频号看到了同样的内容想点赞时你可能会迟疑，而当你在视频号看到喜欢且能使你有所收获的内容想点赞时是不是就少了许多顾虑？

原因很简单：你在视频号里点下的每一个赞，都暴露着你的喜好和品位——那些被你点赞的作品，无一例外都会展示给你的微信好友。

而视频号遵循的流量分配逻辑是：点赞越多，被看到的可能性越大。从这个逻辑来看，能使人有所收获的内容在视频号更容易"出圈"[1]。这也是为什么当你点开视频号时，总能发现那些说着行业知识或灌着励志鸡汤，能带给你一些"有用"启发的中年大叔特别容易火的原因之一。

那么，如何让自己的短视频内容具备有用的特质呢？笔者认为可以从两个维度入手，这两个维度也正是对有用的两种不同的解释。

1. 分享"干货"

有用的第一层含义就是字面含义——有用的"干货"[2]。

点开视频号，你或许经常会刷到一些实用教学类内容。例如，视频号"阿龙美食教学"发布的一系列家常菜教程，视频号"生活处处有妙招"发布的解决生活中遇到的小难题的小妙招等。这些视频内容的点赞量

---

[1] 网络流行词，"粉丝"圈子的常用语，一般指某位明星知名度更高，不仅被"粉丝"小圈子关注，而且开始进入大众视野，变为真正的"公众人物"，后来引申到不限于人，事件和物体也可以"出圈"。

[2] 网络流行语，指精练、实用、可信的内容。

往往不低。以"阿龙美食教学"发布的一条主题为"不用一滴水就能做出又鲜又香的螃蟹"的短视频为例,其点赞量轻轻松松就达到"10万+",如图3-11所示。

图3-11 视频号"阿龙美食教学"短视频截图

这类短视频之所以广受用户青睐，原因之一便是为用户提供了"干货"。

一般来说，"干货"主要具有两大特征：一是知识性，二是实用性。这两大特征决定了无论短视频未来的走向如何，"干货"类短视频永远不会被淘汰，因为人们对于能免费、快速地获取信息具有天然的渴望。

根据笔者的观察，目前在各类短视频平台上最受欢迎的"干货"主要有健身类、美食教学类、学科教学类、手工制作教程类、汽车解析类、科技产品介绍类、历史科普类等。除此之外，一些具有极高针对性的行业"干货"也有自己的垂直精准受众。

2. 输出有用的观点

如果说"干货"是对有用的字面解释，那么输出有用的观点就是有用的另一层含义，能够给人一些启发。有用的这一层含义也是视频号运营者在打磨视频号内容时可以借鉴的。

例如，视频号"萧大业"在他的视频中就输出了很多有用的观点，比如"阻碍我们前进的不是困难，而是犹豫不决""活好当下""不要把别人帮你的忙当作理所当然"等，这些观念都能给人一些启迪。正是因为有了有用元素的加持，其视频号运营效果较好。

总之，作为视频号运营者，如果你在打磨视频号内容时能适当地添加有用的内容，那么你的短视频就更能激发用户点赞和转发的欲望。毕竟在观看短视频的过程中，除了能放松心情，用户还能利用碎片化时间学到一些"干货"或者得到一些启示，这应该是用户都愿意的。

3.4.3 有个性——使人有耳目一新的感觉

如果你对短视频的发展历程稍有了解，那么你一定会发现这样一个现象：在2007年年底、2008年年初短视频刚刚兴起时，随便在抖音上发布一条模仿类的短视频都有机会轻轻松松上"热门"。仅仅几个月后，这种"福利"便戛然而止了。随着短视频行业的发展，在这个行业"出圈"变得越来越艰难；随着各大短视频平台汇聚的流量越来越多，抢夺流量红利也变得越来越艰难。

为什么会这样？答案很简单，因为内容的同质化越来越严重。

这意味着，短视频运营者要想在短视频下半场实现弯道超车和成功"出圈"，首要任务就是成功破局，走出短视频内容同质化的泥潭，做出有个性、能让用户感觉耳目一新的内容。应该说，这条规则不仅适用于视频号运营，也适用于其他短视频平台账号的运营。

如何做出有个性的视频号内容呢？笔者认为可以从人设、风格、记忆点三个维度入手。

1. 人设

人设是指通过短视频内容打造人物性格和人物形象，如温柔、善良、专业、偏执、恶毒等。

以视频号"何青绫"为例，作为财经自媒体，她的视频号内容大多是科普"高大上"的财经知识，但是"何青绫"在短视频中给自己打造的人设是"普通的全职家庭主妇"。这种略显反差的"人设"有效地拉近了她和用户之间的距离，进而凸显其视频号内容的个性化。

2. 风格

风格是指短视频内容以什么风格呈现，如温暖治愈、活泼搞笑等。

以视频号"屿鹿文案馆"为例，其短视频风格以温暖治愈为主，内容主要为美景视频和文案，在众多短视频中显得清新脱俗。

3. 记忆点

如果一看到某个"点"，你脑海中立马会浮现某个相应的视频号账号，或者一看到某个相应的视频号账号，你脑海中立马就会浮现相应的"点"，那么这个"点"就是所谓的记忆点。

严格来说，上文中提到的人设和风格实际都属于记忆点范畴。记忆点的设计不用太过复杂，它可以是一个细节的设计，如一顶假发、一个动作等；也可以是一种特别的存在，如口音、长相等。

以视频号"胡明瑜幸福力导师"为例，她之前的视频中会出现一个话筒架，这个话筒架就是她的记忆点。

总之，只要是能让用户更好地记住的你的某个"点"，都可以成为你的独特记忆点。

本章分享了视频号内容创作的黄金公式："好内容＝有情＋有用＋有个性"。在打磨短视频内容的过程中，如果你能让你的视频内容具备这一公式中的一个要素，那么你的视频号内容就算合格了；如果你能让你的视频内容具备这一公式中的两个要素，那么你的视频号内容就称得上优良；如果你能让你的视频内容具备这一公式中的全部要素，那么恭喜你，你已掌握了视频号内容制作的黄金法则。

3.5 四个高质量内容生产模板

高质量的短视频要么能使用户产生共鸣，表达用户心声，要么能帮用户解决问题，使用户有所收获。

想要使用户产生共鸣，我们就要做用户的"代言人"，说用户想说的话；想要帮助用户解决问题，我们就要为用户提供真正的"干货"。为了做到这两点，我们在创作短视频内容时，可以参考下面的高质量内容生产模板，如图3-12所示。

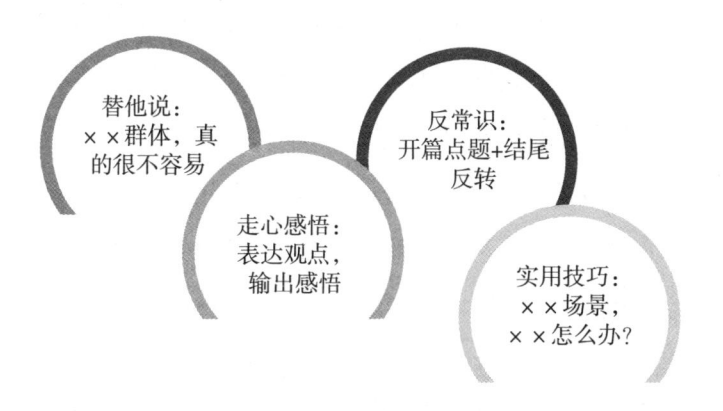

图3-12 四个高质量内容生产模板

3.5.1 替他说：××群体，真的很不容易

第一个模板是替他说，即替某个群体发声，讲述该群体的故事，吐露该群体的心声，表达对该群体的关怀和理解。这样的内容不仅可以使用户产生共鸣，而且可以赢得特定群体的关注。

在一些特定的群体身上有许多可供挖掘的故事，我们可以围绕某个群体创作系列短视频，如某生活类视频号就发布了一系列以外卖小哥为主角的短视频，展现了外卖小哥工作中的点点滴滴，也表达了广大外卖小哥的心声。

我们还可以为某个特殊社会群体发声，如残疾人、失独家庭、孤儿等。要注意的是，我们的选题一定要贴合账号的定位。

3.5.2 走心感悟：表达观点，输出感悟

第二个模板是走心感悟，即通过短视频，输出对某个现象或事件的观点和感悟，而且感悟必须走心，要能够打动用户。前文中提到过，短视频内容要有情，我们在创作这类短视频时要突出"情"。

那么，我们应该如何应用走心感悟这一模板创作短视频呢？

一方面，我们要找到容易引起情感共鸣的切入点，这个切入点可以是一个热门事件，也可以是一个观点。我们在确定选题时，要以走心为核心要点。比如，"996"在互联网上引发热烈讨论时，不少视频号以"996"为切入点讨论年轻人在大城市打拼的现状。

另一方面，我们要将观点和感悟系统地输出。简单来说，我们在讲述观点和感悟时要理顺逻辑，如果能提炼出一两句"金句"那就更好了。很多走心感悟类短视频之所以能爆红，就是因为视频中的"金句"被广泛传播。

3.5.3 反常识：开篇点题+结尾反转

第三个模板是反常识，即在开篇点题，引发人们的好奇心，在结尾制造反转，达到出其不意的效果。反常识类短视频的基本结构为：提出

观点（问题）—阐述观点—反转结构。

比如，视频号"陈翔六点半"的视频中就大量采用了反常识手法，用反转结尾颠覆用户的认知，原本煽情的剧情会突然变得搞笑，原本已经要结束的故事会发生意想不到的转折。这些反转使"陈翔六点半"的视频的趣味性得到了提升，也让用户在观看视频时有了更强的参与感。

3.5.4 实用技巧：××场景，××怎么办？

第四个内容模板是实用技巧，它的基本结构是："场景+解决方案"。我们可以通过设置场景呈现用户的问题或困难，然后提出解决方案，分享实用技巧。

某生活服务视频号曾发布短视频"新车要不要贴车衣"。在这条短视频中，主人公购买了一辆新车（场景），新车正式上路之前，他产生了"要不要贴车衣"的疑问，接着视频中按汽车的不同价位给出了集中解决方案。通过观看这条视频，用户可以学习有关车衣的知识，还可以解决"新车应不应该贴车衣"的疑问。

以上四种高质量内容生产模板是最常用的基本内容生产模板，我们在进行短视频内容创作时可以以它们为参照，在它们的基础上添加自己的创意。

3.6 新手最容易犯的三种内容创作错误

每个视频号运营者都希望自己能快速走出"新手村"，早日进入涨粉快车道。为了实现这一目标，我们要尽量避免新手最容易犯的几个致命错误，如图3-13所示。

```
┌─────────────────────────┐
│ 一  包装过度，做作、生硬 │
└─────────────────────────┘
┌──────────────────────┐   ┌─────────────────────────┐
│ 二  无主题式晒猫狗、 │   │ 三  零散发布，定位不清晰 │
│     晒娃、晒日常     │   │                         │
└──────────────────────┘   └─────────────────────────┘
```

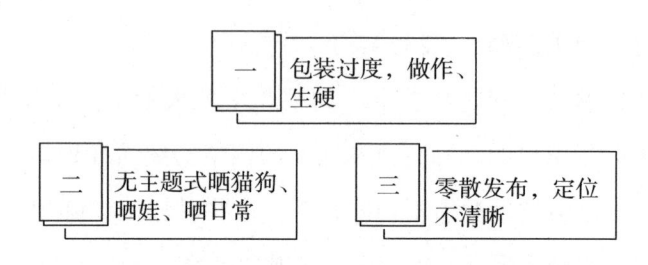

图 3-13　新手最容易犯的三大致命错误

3.6.1　错误一：包装过度，做作、生硬

包装过度，做作、生硬是很多视频号运营新手会犯的错误。很多人在运营视频号之初，会急于给自己立人设，他们要么给自己冠上各种光鲜的虚假头衔，要么用做作的表演展现虚假的个性。

这种虚假的过度包装，往往会显得十分生硬。比如，有的人明明不具备相当的专业水准，却非要给自己冠上专家的头衔，这样的人往往会因为"肚里没货"而露馅；还有的人会给自己打造"白富美"或"高富帅"人设，以满足自己的虚荣心，并企图借人设"吸粉"，但虚假的人设就是空中楼阁，一旦人设崩塌，他们的信誉度就会跌入谷底。

对于视频号运营而言，树立人设和适度的包装是十分必要的：清晰的人设会使用户对我们的印象更深刻，还会使我们的账号具有差异化特征；适度的包装可以使账号的形象更加鲜明，信誉度更高。

但是，我们在打造人设或进行自我包装时，一定要把握好度。只有真实、亲切、有亲和力的形象才能打动用户。我们可以突出自己的某项优点，使其成为我们的标签，但不能虚构人设。

在视频号运营初期，我们应该将更多的精力放在内容创作和日常运营上，千万不要本末倒置，能让我们获得用户认可和持续关注的，始终只有内容。

3.6.2 错误二：无主题式晒猫狗、晒娃、晒日常

新手容易犯的第二个错误是无主题式晒猫狗、晒娃、晒日常。通常，这类新手在运营账号的初期并没有清晰的目标，也没有对短视频内容进行合理规划，而是抱着试一试的心态随意发布内容。

这种随意的做法会让我们失去账号运营初期的涨粉机会，也为后期的运营增加了难度。有的人甚至因为前期发布的内容质量太差，而不得不放弃账号。

你可能会问：难道视频号上不能晒猫狗、晒娃、晒日常吗？当然不是，一些生活类视频号会经常发布萌宠、育儿、生活日常等方面的内容。不过，这些生活类视频号在晒猫狗、晒娃、晒日常的同时，做到了主题鲜明、内容有趣。

我们在创作短视频内容时，要认真思考几个问题：我的短视频要给谁看？我运营视频号的目标是什么？我的账号定位是什么？只有厘清这几个问题，我们才可能创作出有趣且受欢迎的短视频。

3.6.3 错误三：零散发布，定位不清晰

如果你运营视频号的目的是获取流量，实现流量变现，那么就应该找准内容方向，避免"零散发布、定位不清晰"的错误。如果你运营视频号的目的只是分享生活，那么你可以发自己想发的内容。

有的视频号发布时间不固定，内容定位不清晰，今天发布美食内容，明天发布旅游内容，后天发布萌宠、萌娃内容。通常，这类视频号的数

据情况不会太理想，因为这类账号往往缺乏"重心"，内容杂乱无章，定位模糊，既无法准确地抓住目标用户，也难以获得平台的流量推荐。

为了给视频号运营夯实基础，我们应专注于某一个垂直领域，坚持创作高质量内容，坚持按时发布。只有这样，我们才能吸引目标用户群体。

第4章

视频制作：五步打造点赞10万+短视频

想要创作出优质短视频作品，运营者除了要提高内容质量，还要提升视频制作水平。一条短视频的制作步骤包括搭建短视频制作团队，策划脚本，拍摄，剪辑，撰写标题和文案。如果运营者想要提升短视频制作水平，就要认真完成每一个步骤。

4.1 第一步：搭建短视频制作团队

你知道创作一条完成度较高的短视频需要哪些步骤吗？

一般来说，短视频在与用户见面之前，要经过内容策划、脚本创作、拍摄、剪辑、发布等步骤。短视频正式发布以后，还要进行一系列运营工作。这么大的工作量，即使一个人能独立完成，也很难保证内容输出的持续性和稳定性。

因此，我们要在条件允许的情况下，搭建一个制作团队。如果一个视频号的内容发布频率为每周2~3次，那么制作团队的人数应为4~5人，他们分别担任导演、策划、摄影师、剪辑师和运营人员的角色。

4.1.1 导演：把控全局

导演需要承担的工作包括前期策划、现场拍摄、后期剪辑和包装。一名优秀的短视频导演，应该具备把控全局的能力。

首先，导演要根据视频号的定位确定短视频的风格、调性，以及内容方向，还要制订拍摄计划、方案，并制作拍摄脚本。

其次，导演要在现场拍摄时进行场面调度，指挥拍摄工作，还要控制现场拍摄进度，让短视频拍摄工作顺利完成。

最后，导演要向剪辑师阐明剪辑要求，指导剪辑师剪辑视频，并对剪辑后的短视频进行审核。此外，导演还要对短视频的标题、文案进行审核。

在一个短视频运营团队中，导演是个不可或缺的角色。前期的策划、中期的执行以及后期的剪辑、数据复盘等环节都需要导演参与，导演是整个团队的核心。因此，我们在搭建团队时，一定要重视导演的位置。我们在选用导演时，除了考察其专业能力，还应该重点考察其表达能力和决策能力。

4.1.2 策划：把控内容

策划是短视频团队中的一个重要角色。不过在不少团队中，导演和策划由一人兼任。

策划主要负责短视频选题策划，短视频剧本撰写，短视频标题和文案撰写。一名优秀的策划，应具备全面把控内容的能力。

因此，策划要有敏锐的互联网"触觉"，能迅速捕捉社会热点。策划还应了解目标受众群体，能够精准地挖掘他们的痛点。除此以外，策划还要具备把握市场风向的能力，能够让内容始终贴合市场需求。

我们在选用策划时，要重点考察其选题策划能力和捕捉社会热点的能力。

4.1.3 摄影师：把控画面

摄影师的主要工作内容是拍摄短视频，通过镜头，将脚本内容完整地呈现出来。

作为团队内最重要的执行者，摄影师不仅要具备最基本的拍摄技术和运镜技巧，还要具备一定的剪辑能力，因为拍摄素材的质量决定了后期剪辑的难易程度和最终效果。如果摄影师具备一定的剪辑能力，在拍摄时就能更有针对性。

我们在选用摄影师时，要通过其以往作品来考察其专业能力，还要考察其沟通能力和应变能力。一名优秀的摄影师可以使短视频的质量提升好几个档次。

4.1.4 剪辑师：把控节奏

剪辑师拿到拍摄素材后，要对其进行进一步整理，将素材进行优化，直至形成一条完整的短视频。剪辑师的工作内容包括视频剪辑、配乐、配字幕等。

剪辑师要具备选取素材的能力，做到"去其糟粕，取其精华"。比如，剪辑师要在众多镜头中找到最好的那几帧，并将其"剪"入视频中。剪辑师应通过剪辑赋予视频节奏感，比如，剪辑师可以通过镜头的快慢和不同的转场方式，使视频的画面更丰富，衔接更自然，还可以通过配乐使视频更有感染力。

一条完整的短视频应该是流畅的、易于理解的、能够让用户看懂的。因此，剪辑师应该具备较强的逻辑能力，能够通过剪辑呈现出完整、清晰的故事线。

总而言之，剪辑是一项综合性很强的工作，我们在选用剪辑师时，要重点考察其审美能力和逻辑能力，这两种能力关系到视频的最终呈现效果。

4.1.5 运营人员：把控规划

当短视频制作完成后，由账号运营人员将其推向市场。一般来说，运营人员的工作内容包括发布视频、用户管理、渠道管理、数据管理等。

首先，运营人员要做好用户管理和维护，与观看视频的用户积极互动，以增强用户黏性，将用户转化为"粉丝"。比如，运营人员积极策划用户活动，吸引用户参与；建立用户社群，将用户引入私域流量池等。

其次，运营人员要时刻关注视频数据，如播放量、点赞量、评论量等。如果数据情况不佳，运营人员就要想方设法地进行引流和推广，让更多人能看到视频。

最后，运营人员要收集用户反馈和市场反馈，找到影响数据的关键因素，为后续的内容策划和内容创作提供参考。

运营人员应具备基本的数据分析能力和用户运营能力，还应具备强大的学习能力。

除了导演、策划、摄影师、剪辑师、运营人员等固定的团队成员，有时我们可能还需要演员、化妆师、司机、场记等不固定人员，我们可以通过招募临时工和团队成员兼任的方式解决这一需求。

搭建团队需要时间，如果我们无法在短时间内凑齐以上成员，不妨先搭建一个由导演和运营人员组成的2人小团队，由导演负责内容生产，运营人员负责视频号的日常运营工作。当需要扩大团队规模时，再招募其余的人员。

4.2 第二步：策划10倍圈粉脚本

曾经有人在回顾几年前的短视频作品时大呼："拍成这样也有人看？"这样的说法虽然有些夸张，但我们不得不承认，现在的短视频作品质量越来越高，拿手机随手一拍就能赢得一片好评和点赞的时代已经过去了。

如今，我们在各大平台上看到的短视频几乎都是精心制作的，不仅镜头语言更加高级，画面更加精美，而且视频的信息量更大，逻辑性更强。有的短视频甚至可以媲美电影短片。短视频质量之所以不断提升，一方面是因为拍摄技术、拍摄设备不断更新迭代，另一方面是因为短视频领域的竞争越来越激烈，为了获得更多流量，人们不得不在短视频内容创作上精益求精。

在这种背景下，人们对短视频脚本的重视程度与日俱增。提到脚本，我们首先会想到拍电影。电影导演会根据剧本制作电影脚本，导演不仅会在脚本中标注拍摄机位、灯光位置、拍摄方式，甚至会画出镜头。有些导演制作的电影脚本甚至可以媲美漫画书。

因此，很多人一提起脚本就望而却步。事实上，短视频拍摄需要的脚本比电影脚本简单得多。短视频脚本是视频拍摄的依据，拍摄、剪辑、服装和道具的准备、表演等工作都要在脚本的指导下完成。简单来说，脚本会告诉所有参与拍摄的人：某时某地，镜头中应该出现什么；镜头应该如何运动；景别是什么；服装和道具是什么；台词是什么。

对于拍摄短视频来说，脚本的作用主要有两个。第一个作用是提高拍摄效率。脚本相当于短视频拍摄指南，帮助我们快速厘清思路，按部就班地进行拍摄工作，并减少拍摄过程中的"无用功"。第二个作用是提高拍摄质量。脚本可以详细呈现视频拍摄过程中的所有细节，包括场景布置、运镜方法、台词设计、配乐、景别等。我们在拍摄视频时，可以根据脚本的提示来处理好细节，这将使视频的质量得到大幅度提升。

如果你想创作出高质量的短视频，就必须掌握脚本的制作方法。

4.2.1 脚本的基本要素

在制作脚本之前，我们首先要确定视频的主题、拍摄时间、拍摄地点，并准备好备选的 BGM（视频背景音乐）。在做好准备工作后，我们就可以开始制作脚本了。

短视频脚本通常以表格的方式呈现，包括画面内容、景别、拍摄手法、台词（解说词）、字幕、音乐、道具、时长。短视频脚本范例如表4-1所示。

表4-1　　　　　　　　　××短视频脚本

序号	画面内容	景别	拍摄手法	台词（解说词）	字幕	音乐	道具	时长

表4-1中包含了短视频脚本中的几个基本要素，我们制作脚本的过程，就是根据这些要素精心打磨每个镜头的过程。

1. 画面内容

画面内容就是每个镜头中应该呈现的内容。简单来说，就是将我们要拍摄的内容拆分，并装进每个镜头里。

2. 景别

景别是指在焦距一定的前提下，被摄物体和摄像机距离不同，造成被摄物体在镜头中所呈现的范围大小的区别。景别一般可由远及近地划分为远景、全景、中景、近景和特写。不同的景别可以营造不同的氛围，景别的变化能使短视频更具感染力。景别的类型如表4-2所示。

表4-2　　　　　　　　　　　景别的类型

景别	说明	适用范围
远景	远景是用于表现环境全貌、展示人物及其周围广阔的空间环境、自然景色和群众活动大场面的镜头画面	远景用于介绍环境，抒发情感，展示事件发生的时间、环境、规模和氛围等
全景	全景是表现场景的全貌、人物的全身动作的镜头画面	全景主要用于表现人物的全身动作，或者是人物之间的关系，可通过展示人物的行为动作，表现人物的内心活动
中景	中景画面是叙事性的景别，中景和全景相比，包容景物的范围更小。在中景画面中，环境处于次要地位，人物的上身动作是中景表现的重点	中景可以让观众看清人物的面部表情，能更好地展示人物的形体动作。镜头中有多人时，中景可以表现人物之间的关系
近景	拍摄范围在人物胸部以上或物体局部的镜头画面被称为近景。近景是刻画人物性格的最佳景别	近景可以使观众看清人物的面部表情，同时可以展示人物的形体动作
特写	拍摄范围在成人肩部以上，或在其他被摄对象局部的镜头画面可以被称为特写镜头	特写镜头可以提示信息，营造悬念，表现人物的细微面部表情，能够深入地刻画人物形象，表现复杂的人物关系

3. 拍摄手法

常用的拍摄手法包括推、拉、摇、移、跟，后面的章节中将详细介绍，这里就不赘述了。

4. 台词（解说词）

台词（解说词）可以配合画面传递信息，也需要被拆分，配合相应的画面。因此，我们需要将每个画面对应的台词或解说词写进脚本中。

5. 字幕

为了让用户更好地理解台词或解说词，我们要为视频配上字幕。每个画面中应出现的字幕也要写在脚本中。

6. 音乐

如果视频需要背景音乐或转场音乐，我们要将其呈现在脚本中。比如，我们要在脚本中注明转场音乐在第几个镜头出现，在第几个镜头结束，时长是多少等。

7. 道具

精彩的短视频离不开道具，我们可以借助道具使视频的画面更丰富，并起到画龙点睛的作用。有的短视频拍摄还涉及场景转换，也需要在脚本中注明。在脚本中注明道具可以使我们的前期准备工作更充分，避免有遗漏。

4.2.2 脚本的万能公式

明确了基本的脚本框架以后，我们应该如何撰写脚本内容？如果我们要拍摄一部短剧，应该如何设计开头、结尾？如何规划短剧的结构？一部合格的短剧应该具备哪些要素？如果我们要拍摄一条观点输出类短视频，应该如何抛出观点？如何论证观点？如何与用户互动？

事实上，如果我们掌握一些"套路"，就比较容易搭建内容框架，写好视频脚本。目前，常见的短视频类型有故事类、实用技巧类、观点类、搞笑类、情感鸡汤类、产品种草类，这几类短视频的脚本撰写都是有"套路"可循的。

笔者归纳了常见短视频的脚本撰写公式，希望能为大家提供一些参考。

（1）故事类：标题＋开头＋故事情景＋金句＋结尾。

（2）实用技巧类：标题＋痛点问题＋解决方案＋具体方法＋结尾。

（3）观点类：标题＋开头＋观点＋认知对比＋金句＋总结＋互动提问。

（4）搞笑类：熟悉的场景＋意外转折＋意外转折/熟悉的场景＋镜像对比。

（5）情感鸡汤类：标题＋故事情景＋金句亮点＋总结。

（6）产品种草类：标题＋开头＋产品介绍＋亮点1＋亮点2＋亮点3。

4.3 第三步：拍摄高质量画面

如果说内容是短视频的"软实力"，那么拍摄设备、构图、拍摄手法等就是短视频的"硬实力"。为了提升短视频的内容质量，我们不仅要提升"软实力"，更要提升"硬实力"，从拍摄入手，将好内容用优质的画面呈现出来。

4.3.1 选择设备：拍摄主件＋拍摄配件

"工欲善其事，必先利其器。"想要拍出高质量的画面，我们必须准备好拍摄设备。短视频拍摄设备分为拍摄主件和拍摄配件：拍摄主件是拍摄工具，包括智能手机、相机、摄像机、无人机等拍摄设备；拍摄配件是辅助设备，包括稳定设备、收音设备、灯光设备等。

1. 拍摄主件

常见的拍摄主件包括智能手机、相机、摄像机和无人机。

（1）智能手机。

智能手机是最容易上手的拍摄工具，也是最适合短视频新手的拍摄工具。如今的智能手机功能强大，操作简单，视频的拍摄和剪辑都可以通过手机完成。最重要的是，用手机拍摄、剪辑视频后，可以直接发布到视频号平台上。

（2）相机。

相机不仅可以拍照，而且具备摄像功能，可以满足一般短视频的拍摄需求。相机的拍摄画质比手机好，对于视频号运营者来说，它也是一种性价比较高的拍摄设备。如今，各大相机品牌都推出了更适合拍摄视频的机型，我们可以根据自己的需求选购。

（3）摄像机。

相比手机和相机，摄像机可以拍摄质量更高的画面。不过，操作摄像机需要一定的专业技巧。因此，很多人更愿意将相机作为主要拍摄设备。

（4）无人机。

为了满足一些特殊环境的拍摄需求，无人机也成了常见的短视频拍摄设备。无人机可以突破相机和摄像机的角度局限，拍出震撼人心的画面。操作航拍无人机同样需要一定的专业技术，而且在没有大量航拍需求的情况下，很少有人会专门购买一台无人机。当我们需要运用无人机进行视频拍摄时，可以聘请专业人员操作。

2. 拍摄配件

常见的拍摄配件包括稳定设备、收音设备和灯光设备。

（1）稳定设备。

常见的稳定设备包括三脚架、独脚架、手持稳定器等。三脚架和独脚架的稳定性比较强，主要作用是稳定相机，以达到某种拍摄效果。有的三脚架和独脚架具有打光功能，可以帮助我们调节拍摄光线。

当我们需要边移动边拍摄时，三脚架和独脚架就无法稳定地发挥作用了。此时，我们需要手持稳定器。手持稳定器包括手机手持稳定器和相机手持稳定器。市面上有些手持稳定器具有跟踪聚焦功能，可以在移动中保持画面清晰。

（2）收音设备。

麦克风是最常见的收音设备，包括无线麦克风和指向性麦克风。无线麦克风适用于现场采访、线上授课、视频直播等场景。指向性麦克风适用于现场收音，如微电影拍摄、舞台收音、多人现场采访等。

此外，在室外拍摄视频时，风声会对收音造成很大的干扰，我们可以使用防风罩减少噪声的影响。

（3）灯光设备。

灯光设备也是视频拍摄的必备器材，它可以使视频的画质更好。影视剧拍摄需要一些大型灯光器材，但普通短视频拍摄只需要一些小型LED（发光二极管）补光灯，必要时还需要用到反光板。

4.3.2 学会构图：八种基础构图方法

构图是提升短视频拍摄质量的关键。如果视频画面的构图不佳，则会影响视频的观感，无法吸引用户观看。而巧妙的构图能为视频"画龙点睛"，让视频变得更有吸引力。那么，我们在拍摄短视频时应该如何构图呢？下面为大家介绍几种"傻瓜式"构图方法，大家可以在拍摄视频时加以运用。

1. 三分构图法

三分构图法是入门级别的构图方法，十分适合摄影"小白"。如图4－1所示，用两条横线将画面横向分为三等分，再用两条横线将画面竖向三等分，这四条线可以组成"井"字形，并形成四个交叉点。我们在拍摄时，可以将被摄主体放在图中任意一个交叉点的位置。

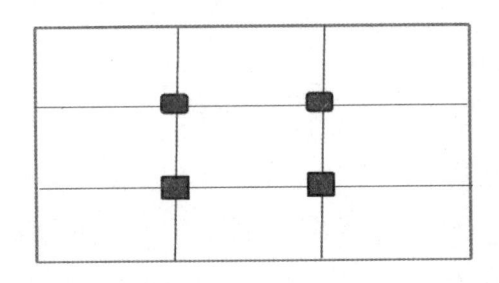

图4－1 三分构图法

2. 引导线构图法

引导线构图法是利用画面中的线条引导观众，使他们的目光聚焦到特定的点。这里的引导线并不是指真实存在的线，而是指画面中那些有方向的、连续的物体所形成的视觉效果，如河流、公路、楼梯、列车、整体排列的人或树木等。有时阴影、光线、人物的目光等都可以被作为引导线。如图4－2所示，我们可以将引导线的交汇点放在画面的中心位置，借助引导线引导观众的视线。

图 4-2　引导线构图法

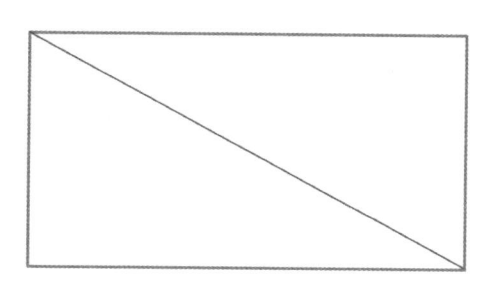

3. 对角线构图法

对角线构图法是在画面中虚拟出一条对角线,并将被摄主体放在对角线上。对角线构图法可以使被摄主体与画面内的其他物体产生联系,而且可以使画面变得富有动感。对角线构图法如图 4-3 所示。

图 4-3　对角线构图法

4. 交叉构图法

交叉构图法是指画面内的景物以斜线交叉的形式布局,而且景物的交叉点既可以在画面内,也可以在画面外。交叉构图法能够在有限的画面中,将观众的视线引向交叉点。这种构图方法不仅可以使画面更活泼,还可以激发观众的想象,如图 4-4 所示。

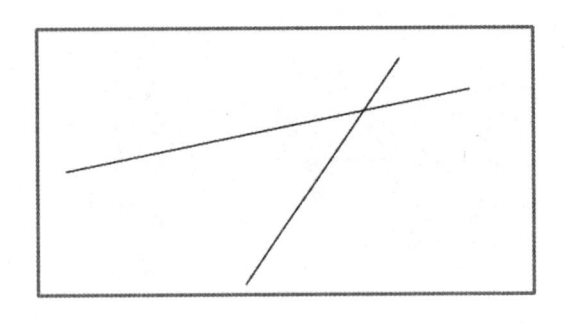

图 4-4　交叉构图法

5. 对称构图法

对称构图法是指将被摄主体的中心线放在画面中间，适用于拍摄对称的物品和建筑物。对称构图法虽然可以使画面规整、平衡，但也十分容易造成画面较呆板。对称构图法如图 4-5 所示。

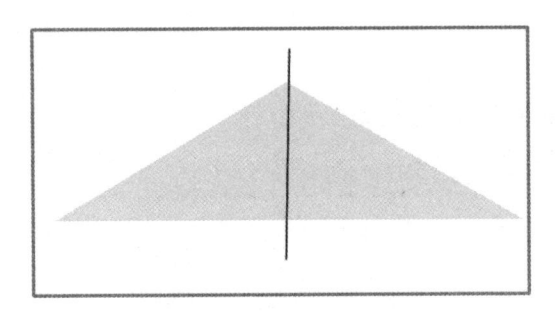

图 4-5　对称构图法

6. 框架构图法

框架构图法是指将画面中的前景作为框架，利用前景突出被摄主体的构图方法。框架构图法更适用于拍摄人物，它不仅可以很好地突出人物，还可以让画面更充实，如图 4-6 所示。

图 4-6　框架构图法

7. 三点构图法

三点构图法是指将被摄主体排列成三角形的构图方法。这种构图方法适合拍摄美食、静物等，如图 4-7 所示。

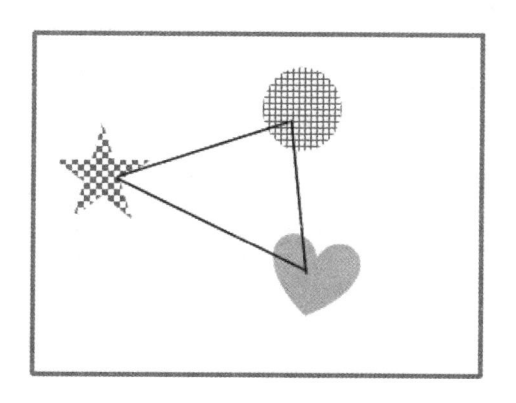

图 4-7　三点构图法

8. 几何图形构图法

几何图形构图法是指利用几何图形进行构图。我们在取景时，可以找到画面中的几何图形，如方形、圆形、三角形、S 形等，并利用图形构图。S 形构图法如图 4-8 所示。

图4-8　S形构图法

上述八种构图方法是短视频拍摄中最常用的。如果我们能学会并灵活应用，就能使短视频的画面更精彩。

4.3.3　掌握运镜方法：推、拉、摇、移、跟、甩、升降

在短视频拍摄中，常用的拍摄手法包括推、拉、摇、移、跟、甩、升降等，这些拍摄手法也可以被称为运镜方法。合理运用不同的运镜方法，可以让画面更丰富，更有活力，更有节奏感。而且，不停运动的镜头更符合人们观察事物的习惯。拍摄静物时，适当的运镜方法可以让人们多方位地观察该事物；拍摄故事时，不同的运镜方法可以起到烘托氛围的作用。

为了让我们的短视频看起来更高级，我们有必要掌握以下几种基本的运镜方法。

1. 推

推是指拍摄设备通过移动或镜头变焦，向被拍摄的人或物推近。推镜头可以使被拍摄主体在画面中变得更大、更明显，以提醒观众注意。

推镜头的方式以速度分类可以分为快推和慢推，应该与该画面所要表达的情绪相匹配。比如，快推镜头可以形成视觉冲击，表达震惊、紧张等情绪。

2. 拉

与推镜头相反，拉是指拍摄设备通过移动或变焦，逐渐远离被拍摄的人或物，拉远与被拍摄的人或物的距离。拉镜头可以使画面中被拍摄的人或物由大变小，使周围环境更多地显示在画面中。拉镜头可以制造空间感，常用于展示环境、解释谜题和丰富画面，可以很好地表现被拍摄的人或物与环境的关系。

3. 摇

摇是指拍摄设备位置不变，但拍摄角度有变化。摇镜头的方式包括左右摇、上下摇、斜摇和旋转摇等。摇镜头不仅可以充分展示被拍摄的人或物的不同角度，还可以引导观众巡视环境。最常用的摇镜头方式是左右摇。

4. 移

移是指拍摄设备向各个水平方向移动时进行拍摄，即移动拍摄。移动拍摄需要借助专业稳定设备，还需要摄影师具备一定的专业技巧。移动拍摄可以呈现出"展示""巡视"的视觉效果。

5. 跟

跟是指跟拍，即拍摄设备跟随被拍摄主体移动，并同时进行拍摄。跟拍可以使被拍摄主体始终在画面中，还可以很好地表现被拍摄主体的运动状态。

6. 甩

甩是指前一个镜头结束后，拍摄设备急速地转向另一个方向，让观众感觉镜头在甩动。甩镜头的过程中，画面会变得非常模糊。镜头稳定后，新的画面会出现。甩镜头可以表现时间、空间的快速变化，向观众传达紧迫感。

7. 升降

升降是指拍摄设备一边上下运动，一边进行拍摄。升降镜头可以展现被摄主体的气势和规模，还可以展现空间的深度。影视剧中比较宏大的场面都运用了升降的运镜方法。而且，升降的运镜方法可以与推、拉、移等结合，使视频的画面更加丰富。

俗话说"台上一分钟，台下十年功"，短视频的拍摄同样如此。想要拍出一条高质量的短视频，不仅要进行事无巨细的前期准备，备齐各类器材，还要运用各种各样的构图技巧、拍摄技巧。不过，为了提升短视频质量，一切努力都是值得的。

4.4 第四步：剪辑包装出成品

当短视频拍摄工作完成后，我们会得到大量的视频素材。不过，这些素材并不是最后的成品。只有经过剪辑人员的精心剪辑和包装，素材才能转变为成品短视频。如果我们将短视频创作过程比喻为产品生产过程，拍摄视频就是获取"原材料"，剪辑则是"加工"和"包装"。

因此，剪辑水平的高低会对短视频质量产生重要影响。如果你是一个短视频剪辑新手,那么你应该选择一款适合自己的视频剪辑软件,学习剪辑的基础知识,掌握基本的剪辑技巧。

4.4.1 选择适合自己的剪辑软件

常见的剪辑软件可以分为两大类:第一类是手机剪辑软件,第二类是电脑剪辑软件。对于视频号运营者来说,这两类剪辑软件都是日常工作中的必备软件。常见的剪辑软件如表4-3所示。

表4-3　　　　　　　　　常见的剪辑软件

软件名称	适用设备	介绍	基本功能
VUE	手机	VUE是一款Vlog[①]拍摄与编辑工具,也是一个Vlog社区,用户可以用该App拍摄、剪辑和发布Vlog,记录与分享生活	智能剪辑,添加配乐、字幕、滤镜、贴纸,设置画幅,导出、分享等
Inshot	手机	Inshot是一款可以拍摄和剪辑视频、图片的软件,分为专业版和非专业版	剪辑,添加配乐、字幕、贴纸、特效,导出、分享等
快影		快影是一款简单易用的视频拍摄、剪辑和编辑工具	剪辑:分割、修剪、复制、旋转、拼接、倒放等; 编辑:添加滤镜、配乐、字幕等; 导出与分享

[①] Vlog,全称是Video blog,中文名是微录,意思是视频博客,是blog的变体,强调时效性,Vlog作者以影像代替文字或图片,写个人网志,上传并与网友分享。

续 表

软件名称	适用设备	介绍	基本功能
会声会影	电脑	会声会影是一款专业的视频剪辑软件，简单易用，功能强大	捕获，转场，添加特效、字幕、配乐，导出等
Pr（Premiere）	电脑	Pr是一款专业的视频剪辑软件，也是目前视频相关行业应用最广泛的软件，是专业人士的必备软件	剪辑，调色，添加字幕，刻录DVD等，几乎可以满足视频剪辑的任何要求
快剪辑	电脑	快剪辑是一款全能的视频剪辑软件，功能强大，操作方便，适合新手使用	剪辑，添加滤镜、转场特效、字幕、配乐、贴纸，导出，分享等

（资料来源于网络）

以上6款剪辑软件中，既有适合新手的、简单易上手的软件，又有适合专业人士的、功能强大的软件，我们可以根据自己的需求选择。

视频号上线一段时间后，腾讯推出了视频号官方视频剪辑工具秒剪（见图4-9）。这款剪辑工具不仅功能齐全，可以满足我们剪辑视频的需求，而且其背靠腾讯和微信生态圈，与视频号平台的适配性更强。

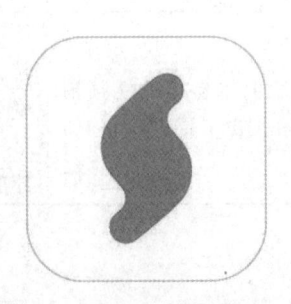

图4-9 秒剪App图标

秒剪最大的优势是简单易用，它的 AI（人工智能）剪辑功能可以帮助我们实现"傻瓜式"剪辑，只需要导入待剪辑的图片或视频，就可以自动完成剪辑。或者简单地录入一段文字，可立即成片。

秒剪不但操作非常简单，功能也十分齐全，特效、滤镜、字幕、音乐、贴图、转场等功能一个不缺，而且自带海量曲库，有丰富的音乐资源可供选择。对于刚入门的视频号运营者来说，秒剪也是一个不错的选择。

过去，剪辑是一项十分专业的工作，外行只能"看热闹"。但是，随着短视频行业的发展，各类剪辑软件不断推陈出新，并降低操作难度，让新手也能动手剪辑视频。因此，只要你选择一款简单易操作的剪辑软件，并大胆尝试，就能很快入门。如果你对后期制作有更高的要求，想掌握更专业的剪辑技巧，那么你可以去学习和使用更专业的剪辑软件，比如上文中提到的 Pr。

市面上的剪辑软件五花八门，各有千秋，我们可以一边尝试，一边选出最适合自己的那一款。

4.4.2 基础剪辑"三件套"：选音乐+做特效+加字幕

选音乐、做特效、加字幕是短视频剪辑中的三个关键环节，它们也被称为基础剪辑"三件套"。对于刚刚入门的视频号运营者来说，"三件套"是必须掌握的剪辑基本功。

1. 选音乐

在选音乐之前，我们要先熟悉视频素材，并根据有关逻辑对素材进行粗剪。在粗剪的过程中，我们可以对视频的结构、情节、节奏、情感基调进行构思。当视频的节奏和情感基调确定后，我们就可以开始选音乐了。

不同类型的音乐可以表达不同的情绪，可以和视频画面发生不同的"化学反应"。可是，音乐的种类如此繁多，我们应该如何选择呢？为了提升音乐与视频画面的适配性，我们在选音乐时要注意以下事项。

（1）尽量选择纯音乐。

我们在选音乐时，要尽量选择纯音乐或不容易听懂歌词的外语歌曲。因为中文歌词容易转移观看者的注意力，而且歌词内容不一定与视频内容匹配；纯音乐没有歌词，不会对视频内容形成干扰。相比有歌词的歌曲，纯音乐的适配性更强，可以与多种不同类型的短视频兼容。

（2）选择的音乐要贴合视频节奏。

我们选择的音乐一定要贴合视频本身的节奏。如果视频的节奏舒缓，镜头切换不频繁，那么我们就要选择节奏舒缓的音乐；如果视频的节奏很快，镜头切换、转场较多，我们就要选择快节奏的音乐；如果我们的视频节奏张弛有度，那么我们选择的音乐也应该是张弛有度的，比如开头、结尾舒缓，高潮部分节奏较快。而且在视频转场时，配乐的节奏也应该相应改变。

（3）"踩点"玩法让视频更精彩。

我们在剪辑时可以尝试"踩点"玩法，即"踩着"音乐的节拍切换画面，让视频的节奏感更强。一般的音乐以4个8拍为一小节，我们可以在每个小节结束时切换画面，使视频画面跟随音乐的节拍。

（4）重视版权。

作为内容创作者，我们不仅要维护自己的知识产权，更要尊重他人的知识产权。当视频涉及盈利和商用时，音乐版权问题非常容易为我们带来法律风险。为了规避风险，我们需要认真学习相关法律法规，尽量使用没有版权问题的音乐，或合法合规地付费使用有版权的音乐。

（5）加入环境音。

有时候，在视频中加入风声、雨声、水流声等环境音，会带来意想不到的效果。适当的环境音不仅可以让观看视频的人产生身临其境的感觉，还能提升视频的丰富度和立体感。我们可以用专业收音设备录制环境音，也可以在网上搜索环境音素材。

如果你想要做好短视频配乐，就要多看、多听、多练、多积累素材，只有这样，才能在配乐时做到信手拈来。

2. 做特效

如今，做特效不再是"技术党"的专利了，不具备相关专业知识的"小白"也可以通过各种剪辑软件为短视频添加特效，如转场、倒放、光效、快放、慢放等，而且最终的效果一点儿也不差。不过，有些"小白"在给视频加特效时很容易犯一个错误，那就是堆砌特效，有些人甚至在时长为1分钟的短视频中添加几十个转场特效。这样的短视频看起来花里胡哨，没有什么实际内容，很容易使用户感到厌倦。

特效的主要作用是增强视觉效果，为视频内容服务。我们在为短视频加特效时，不能抛开内容，让特效喧宾夺主，而是要懂得克制，适当地添加特效。

3. 加字幕

加字幕是短视频后期制作的重要环节，其优势主要包括两点：第一点是使用户（包括听障人士）更好地理解视频中的信息；第二点是纠正视频中的口误或其他小错误。最重要的是，如今许多用户已经养成了看字幕的习惯，如果短视频没有字幕，将会使视频观看体验感较差，甚至会流失一部分用户。

加字幕的方法并不难，我们可以借助语音输入软件将语音转换成文字，再通过剪辑软件为短视频加上字幕。目前，许多视频剪辑软件已经有添加字幕的功能，可以识别语音，并将其转为字幕。但是，这类软件在识别语音的过程中经常发生错误，为了保证字幕的准确性，我们必须对其进行人工校对。

4.5 第五步：取标题+写文案，用文字为短视频赋能

目前，包括视频号在内的绝大部分短视频平台都采用"单列沉浸式"模式呈现内容。当用户用手指飞快地划动手机屏幕时，每条短视频在用户眼前停留的时间可能只有1~2秒。在如此短暂的时间内，在不了解视频内容的前提下，用户是如何决定看或不看的呢？

答案是看视频的标题。当一条短视频出现在用户眼前时，用户第一眼看到的一定是视频的标题。如果视频的标题没有吸引力，那么用户会快速划过该视频；如果视频的标题足够"吸睛"，用户则有可能对视频产生兴趣，继续看下去。

标题是视频播放量的关键影响因素，一个"吸睛"的标题能使短视频的播放量大大提升。视频下方的文案也同样重要，一段走心的文案能引起用户的强烈共鸣，促使他们点赞、留言、转发。

因此，"取标题+写文案"是打造"10万+"短视频的最后一步，也是最关键的一步。如果我们忽视了这一步，前面付出的所有努力都有

可能变成"无用功"。

4.5.1 取标题：拟定视频号标题的四种方法

短视频的标题取得好，会大大提高播放量，进而带动更多用户关注视频号。对于短视频来说，好标题应该满足三个条件：一目了然、指出痛点、引发共鸣。

标题可体现在短视频的封面、画面中，也可体现在短视频下方的描述中。我们在取标题时应做到言简意赅，使标题的意思一目了然。此外，好标题要么能指出用户的痛点，要么能引发用户的共鸣。为了满足这三个条件，我们可以参考以下四种方法为短视频拟定标题。

1. 添加话题

在标题中列出关键词，可以使用户知晓短视频的主要内容。比如，某美妆类视频号发布了一篇标题为"一次性测评 8 盘平价眼影"的短视频，这条短视频的标题中有"测评""平价眼影"等关键词，使用户一看标题就知道视频的主要内容是平价眼影盘测评，对美妆感兴趣的用户自然愿意观看。

再比如，视频号"红袖读书"在其发布的视频文案中均首先添加了相关的话题，可以快速吸引目标用户观看视频。

2. 营造冲突

我们还可以在标题中营造冲突，以此激发用户对视频内容的好奇心。比如，某情感类视频号发布的"当前男友遇上现男友"，该视频标题不仅有很强的场景感，而且充满了戏剧冲突，可以吸引用户观看。

125

再比如，某职场类视频号发布的"月薪 5000 元 VS 月薪 30000 元，工作习惯有哪些不同"，这条视频的标题将"月薪 5000 元"和"月薪 30000 元"放在一起做对比，并提出问题"工作习惯有哪些不同"，如果用户想知道答案，就需要观看。

3. 提问题，做假设

在短视频标题中提问题，可以触动某一类特定用户的好奇心，并吸引他们从视频中寻找答案。比如，某生活类视频号发布的"女生婚前一定要买房，你同意吗？"，该视频标题很容易触动一部分未婚女性的内心，并吸引她们观看视频。

我们还可以在短视频标题中做假设，将用户带某个特定的情境中，激发他们观看视频的欲望。比如，某教育类视频号发布的"假如孩子遭遇校园暴力"，许多家长看到这条短视频的标题后会将自己代入该情境中，并主动观看视频，寻求解决方案。

4. 借助名人效应

我们在拟定短视频标题时，还可以借助名人效应来吸引眼球。比如，某美妆类视频号发布的"薇娅推荐！好用面霜大合集"。不过，这类标题虽然能够吸引一部分用户，但是也有可能招致一部分用户的反感。因此，我们在拟定这类标题时一定要慎重。

4.5.2 写文案：普通人都能写的三种爆款文案

视频号上线至今经历了许多次改版，短视频文案的位置也发生了变化。目前①，视频号发布的短视频文案显示在视频下方（显示部分），以及评论页的第一排（显示完整文案），用户一进入评论页，就能看到文案。因此，文案不仅要介绍、说明短视频，还要发挥引导互动、引发讨论的作用。

因此，我们在撰写文案时，要尽量以"用户"为核心，通过文案引发用户的共鸣。一般来说，容易引起用户共鸣的文案共有三种，它们分别是：故事型文案、情绪型文案、互动型文案。

1. 故事型文案

故事型文案通常用于介绍短视频的背景故事，起到升华主题和补充信息的作用，能够帮助用户更好地理解短视频内容。

比如，某生活类视频号发布了一条标题为"暴雨中的快递小哥"的短视频，这条短视频的文案是："暴雨天里，快递小哥依然在外奔波，为生活打拼的人都不容易，要照顾好自己。"这条文案虽然简单，但解释了其发布视频的动机，表达了感想。而且，文案中的"为生活打拼的人都不容易，要照顾好自己"引发了很多人的共鸣。

视频号"房琪 kiki"发布的短视频"千里江山图"的文案是："我们是一对 27 岁的小夫妻，用两年时间走过中国 188 座城市。"这则文案既交代了短视频的背景故事，也介绍了视频号运营者，属于典型的故事型文案。

当然，故事型文案不一定非要"温情脉脉"，也可以在故事型文案中表达犀利的观点，甚至可以把故事型文案写成幽默段子。一则故事型文案只要交代了短视频的背景故事，能引发用户的共鸣，那么这则文案就

---

① 这里的"目前"指笔者撰写本书期间，截至 2021 年 9 月。

是合格的。

2. 情绪型文案

情绪型文案能够影响用户的情绪，调动用户的好奇心。在撰写这类文案时，我们可以多用一些表达情绪的词，比如"惊喜""感动""幸福""温暖""暖心"等。

比如，视频号"陈诗远"发布的短视频"行动起来"的文案是："总有人可以的，为什么不能是你……"这则文案成功唤起了人们渴望改变、渴望进步的愿望，与短视频的"治愈"风格一脉相承，具有鼓舞人心的力量。

3. 互动型文案

互动型文案的主要作用是引导用户点赞、评论和转发，常见的写作方式包括发出邀请、提问、发起投票等。

比如，"这次的菜谱是不是很简单呢？已经学会的小伙伴，举起你们的小手。""情侣约会应不应该 AA 制，你怎么看？""下期视频大家想看什么内容呢？想看口红试色的请扣1，想看防晒霜测评的请扣2。"

再比如，"你在旅行中遇到过哪些有趣的事呢？欢迎在评论区分享。""欢迎大家踊跃评论，我将在评论区中抽出 3 位幸运儿，并为他们送出礼品。"

我们在撰写互动型文案时，一定要把握好分寸，遵守平台规定和相关法律法规。我们可以鼓励和邀请用户点赞、评论、转发，但注意不要使用一些具有诱导性的话术，否则有可能被视频号平台判定为违规。

第5章

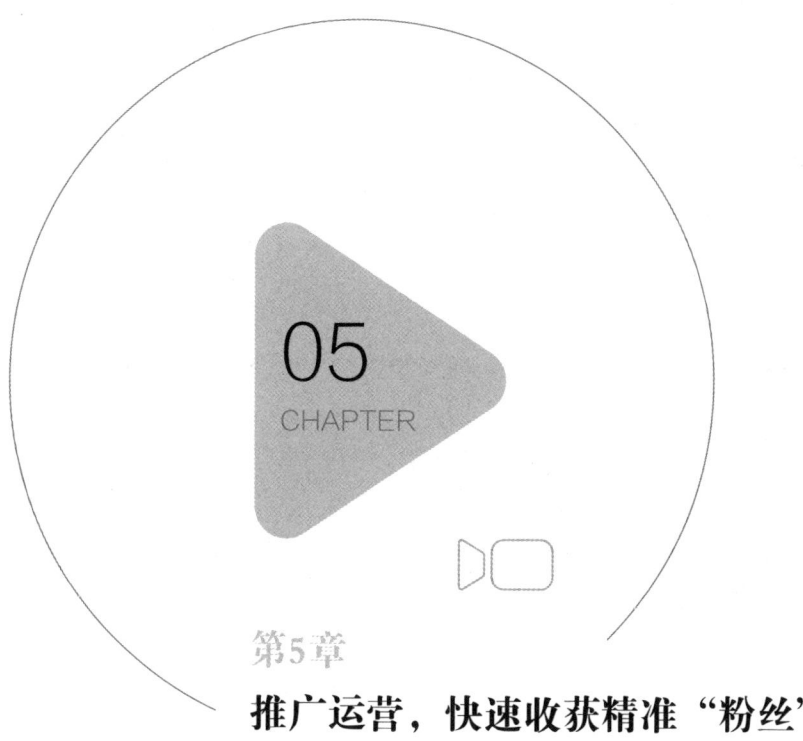

推广运营，快速收获精准"粉丝"的4个方法

和其他短视频平台相比，视频号的社交属性更强，具有"点赞即传播"的特点。如果我们想要运营好视频号，就要充分运用这一优势，做好推广引流工作。视频号的推广引流包括发布引流、点赞与评论引流、直播引流和生态圈引流。

5.1 发布引流：通过发布视频巧妙吸引流量

在这个"酒香也怕巷子深"的时代，任何产品都离不开营销推广。短视频作为一种内容产品，也需要营销推广。产品营销推广的目的是扩大市场，提升销量；而短视频营销推广的目的是吸引流量，进而获得流量变现的机会。

如果你运营视频号的目的是获取流量，那么从发布短视频的那一刻起，营销推广就正式开始了，其中第一个环节是发布引流，即通过发布视频巧妙地吸引流量。

5.1.1 选择最佳发布时间

发布引流的关键之一是发布时间。在有些时间段内在线观看短视频的人更多，如果短视频能在这些时间段发布，就有机会触达更多用户。

1. 视频号发布的黄金时间

一般来说，视频号发布的黄金时间段包括节假日和工作日的几个时间段。

（1）节假日。

节假日不仅包括周六和周日，还包括其他的法定节假日。在这样连续几天的休息日里，人们使用手机的频率总体会比工作日更高，使用视频号的时间可能会更长。因此，在节假日发布短视频是一个不错的选择。

（2）工作日。

每个工作日（周一到周五）都有4个发布短视频的黄金时间段，分别是：7：00—9：00，12：00—13：00，16：00—18：00，21：00左右。

7：00—9：00是通勤时间，许多人用视频号等短视频平台来打发时间；12：00—13：00是午休时间，许多人会趁这个时间看看视频号，放松一下紧绷的神经；16：00—18：00是下班时间，此时许多人已经忙完了一天的工作，可以用视频号打发时间。21：00左右，大多数人已经到家，正好可以刷刷朋友圈，看看视频号。

这几个时间段几乎囊括了人们在线上较活跃的时段，是业内公认的短视频最佳发布黄金时间。你可以根据自己的需要，选择最适合自己的发布时间。

2. 选择发布时间的策略

如果你已经选定了发布时间，就不要随意更改，而是要形成固定的发布时间。这样做的好处有两个：第一个好处是满足"粉丝"的需求，让忠实"粉丝"在固定时间看到更新；第二个好处是用固定更新时间鞭策自己及时更新，拒绝"拖更"。

那么，我们应该在哪个时间段发布短视频呢？如果你还拿不定主意，不妨参考以下四种策略。

（1）参考同类账号的发布时间。

新手运营者可以学习同类优秀账号的运营方法，多研究它们的发布时间、发布频率。新开通的视频号可以采取先跟随同类账号、再错峰的发布策略。

（2）跟随热点发布。

我们在发布与热点事件相关的短视频时，应该紧跟热点，在最短时间内发布短视频，以保证内容的时效性。因此，我们在遇到与内容定位相关，或适合自己发挥的热点事件时，要快速反应，迅速制作相关短视频,并在第一时间发布。

(3)错峰发布。

在黄金时间段内,用户的活跃度很高,很多头部账号选择在这些时间段内发布短视频,导致这些时间段内的流量被"瓜分",而新账号没有头部账号的"吸粉能力",无法在黄金时间段内与头部账号竞争。因此,新账号可以选择错峰发布,提前或延后一小时,即错开黄金时间段,以避免与同类头部账号竞争。

(4)根据目标用户群体的使用时间发布。

我们在选择短视频发布时间时,还可以参考目标用户群体的使用场景和使用时间。比如,健身视频号的目标用户群体是有健身需求的人群,如果该类视频号将发布时间定在工作时间,那么目标用户群体就无法跟着视频一起锻炼。因此,该类视频号应该将视频发布时间定在非工作时间。

不过,在这个信息爆炸的时代,任何时候都有可能出现热点,任何时间段内都有可能诞生爆款短视频,没有人能规定一个准确的"最佳发布时间"。我们要根据自己的账号定位、内容定位和目标用户群体,选择适合自己的发布时间。我们还可以通过实验找出自己的"最佳发布时间",即每天在不同的时间段发布短视频,一段时间后,再根据数据和用户反馈选出最适合自己的发布时间。

5.1.2 添加话题、所在位置、活动和链接

发布引流的关键之二是在短视频发布之前,添加话题、所在位置和链接等,如图5-1所示,这个简单的步骤可以为短视频带来不少流量。

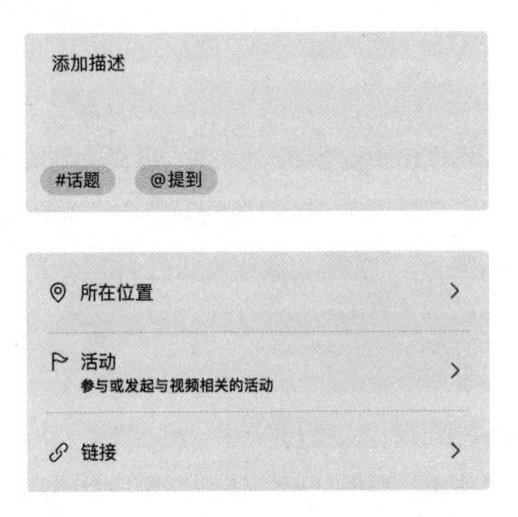

图 5-1 短视频发布之前可添加的内容

1. 话题

在短视频描述中添加话题后，用户只要点击"#话题"就能观看所有添加了该话题的短视频。添加话题还可以起到为短视频分类的作用，我们可以为不同系列的短视频添加不同的话题，当用户点击相应的话题时，就能看到我们发布的同系列短视频。此外，一条短视频可以添加多个话题，我们可以为自己的短视频添加热门话题，使其发挥引流作用。

2. @关键人

我们还可以在发布短视频之前@关键人，起到引流的作用。比如，我们可以@有关联的账号，让不同账号互相引流。如果我们搭建了多个账号，也可以通过这种方法引流，形成账号矩阵。

3. 所在位置

添加所在位置后，我们的短视频会被推荐给同城用户，为视频号带来一波流量。

4. 活动

我们可以在视频发布前发起活动，须填写活动名称、活动描述，设置活动结束时间，可添加活动封面。发起活动，可以有效提高短视频的曝光率，并吸引一部分流量。

5. 链接

链接支持添加公众号文章或当前视频号创建的红包封面，因此，我们可以利用链接向公众号引流，还可以进行各类发放红包的活动。

5.2 点赞、评论引流：让用户多停留一会儿

有过购物经验的人都知道，顾客在店铺内停留的时间越长，购买商品的概率也就越大。为了提高销售额，商家会想方设法地进行各种营销活动，只为让顾客在店内多停留一会儿。

同样的道理，如果我们想让自己的视频号吸引更多流量，就要想办法让用户多停留一会儿，提高与用户互动的概率。为了达到这一目的，我们可以在点赞和评论方面下功夫。引导"粉丝"点赞、评论，这样不仅能够提升视频号的传播速度，获得更多推荐流量，还可以增强用户黏性，获得更多的忠实"粉丝"。

那么，怎样才能有效提升短视频的点赞量和评论量呢？一方面，我们要创作出优质的短视频；另一方面，我们要掌握一些引导互动的技巧。

5.2.1 三招提高视频号点赞量

在视频号平台上,点赞量是一个非常重要的数据,点赞量越多的视频,越容易被推荐给更多人。为了获得更多的点赞量,我们应该大胆地向用户"求赞",用各种提醒引导他们点赞。

归纳起来,有效提升点赞量的技巧包括以下三种。

1. 用字幕提醒用户点赞

我们可以用字幕提醒用户点赞,比如"如果您喜欢我的视频,记得点赞哦"。

我们可以将提醒用户点赞的字幕放在视频的开头或结尾,也可以选择在视频开头提醒用户一次,在结尾再次提醒。

2. 在短视频中直接提醒用户点赞

我们可以直接在短视频中请用户点赞。比如,某美食类视频号的每条短视频中都加入了点赞提醒:"如果您喜欢本期视频,点个赞再走吧。"某生活类视频号的点赞提醒也十分巧妙:"本期视频开始之前,先提前感谢大家为我点的1万个赞。"

我们也可以采用"同情共感"的方法提醒用户点赞,比如:"集齐2万个赞,就发放粉丝福利。""如果这条视频的点赞量达不到1000,老板就要扣我工资,请各位动动手指帮我点亮小爱心。""你们的支持是我最大的动力,想看更多精彩视频,请多多为我点赞哦!"

3. 在短视频标题或文案中号召用户点赞

短视频的标题和文案往往十分醒目,通过它们号召用户点赞,可以取得不错的效果，如"为外卖小哥点赞""你同意我的观点吗？如果同意，请帮我点个赞"等。

总而言之，我们要通过各种方式号召和提醒用户点赞，千万不要不好意思开口。独特的提醒点赞方式或许能成为你的个人标签，不断地提醒和叮嘱或许能拉近你和用户之间的距离。不过，在提醒用户点赞之前，我们也要问问自己：这条短视频值得点赞吗？要记住，用户点赞的前提是短视频足够优质，并且能为他们带来价值。

5.2.2 五种方法提升评论区活跃度

评论量是影响视频号权重的重要数据，评论量越多，说明视频号的"活粉"越多，用户黏性越强。如果一个视频号发布的每条短视频都有较高的评论量，那么该账号和用户之间就会形成社区氛围，该视频号的评论区会保持较高的活跃度。

活跃的评论区会吸引更多用户浏览并参与讨论，进而让用户的停留时间延长，视频号的点赞量、关注量和播放量也会显著提升。因此，要积极引导用户评论，提升评论区的活跃度。

提升评论区活跃度的方法包括以下五种，我们可以在标题、文案、字幕、视频开头和结尾运用这五种方法，主动引导用户在评论区留言。

1. 提问

在标题、文案或视频中直接向用户提问，是引导用户评论的好方法。我们在提问时，要避免封闭性问题，即只能回答"是"或"否"的问题，应该提出有讨论空间的开放性问题。比如：

"你收到过最离谱的礼物是什么？"

"你在减肥期间会吃什么?"

"你对××有什么看法?"

"×××和×××你更支持谁呢?"

……

我们要围绕大众关心的热点话题提问,或者针对目标用户群体关心的话题提问,换句话说,就是要提出用户关心、感兴趣并且想回答的问题。我们在设计问题时,可以参考微博热搜榜、百度指数以及其他各大自媒体平台榜单。另外,我们提出的问题应与短视频内容相关,最好能根据视频中呈现的现象、事件、观点提出问题。

2. 征集意见

我们可以在评论区向用户征集意见,这种做法一方面可以提升评论区的活跃度,另一方面可以收集用户的反馈。我们可以就短视频选题、内容向用户征集意见,也可以就个人形象、情感、生活等方面向用户征集意见,比如:

"大家还想看什么内容,可以在评论区告诉我,马上为你们安排。"

"大家还想看哪款产品的测评,欢迎在评论区留言。"

"本期视频换新片头啦,大家喜欢吗?"

"最近想染头发,大家有没有推荐的颜色?"

"如果您有好的建议,欢迎在评论区告诉我。"

……

征集意见可以很快拉近我们和用户之间的距离,增强用户的黏性。当我们收到用户的建议后,也要在评论区予以回应并表示感谢。

3. 答疑解惑

知识、技能类视频号的评论区很适合答疑解惑,我们可以告诉"粉丝":

"我会在评论区解答大家的疑问,欢迎大家踊跃提问。"

"想知道更多××吗?评论区见。"

当用户提出问题时,我们一定要及时解答。如果不能及时回复用户,导致评论区内只有问题,没有回答,会令用户对账号的印象大打折扣,甚至导致"取关"。

4. 成为"树洞"

如今,人们承受着巨大的生活压力,需要一个能够倾诉心中苦闷的"树洞"。如果你的视频号是情感类账号,那么你可以将自己的评论区变成一个"树洞",让用户说一说心里话,吐一吐苦水。当然,评论区成为"树洞"的前提是视频内容能够打动用户,并引起用户的共鸣。

5. 送福利

我们可以用送福利吸引用户在评论区留言。这里的福利包括各种小礼物、学习资料、专属服务等,比如:

"今天周五了,在评论区抽3个人,每人送1本书,祝大家周末愉快!"

"这样的Q版头像是不是很可爱?我将在评论区抽1个人,为ta设计专属头像,赶快到评论区留言吧!"

"在评论区留言的前100位朋友,将获得一份我精心整理的免费学习资料。"

"截至××日××点××分,评论区最高赞将获得精美礼品1份。"

要注意的是,用送福利引导"粉丝"评论可能被平台判定为"诱导用户"。因此,我们在送福利时一定要掌握好度,不要设置过多的条件,也不要涉及金钱,要保证抽奖结果公平可信。

5.2.3 通过"大V"评论区引流

除了在自己的评论区引流、吸粉，我们还可以到"大V"的评论区引流。在视频号平台上，很多"大V"的"粉丝"量和评论量都十分可观，我们可以选择与自己的账号同类的"大V"或者其他流量大的"大V"，将他们的流量引到自己的账号中。

第一，我们要选择流量大、评论区活跃的"大V"，并在该"大V"发布短视频作品后第一时间留言。因为，这类"大V"的评论区活跃度高、流量大，精彩评论很容易获得大量的点赞和回复。如果我们的评论观点独到或幽默风趣，就有可能排在"大V"评论区的前几位，并获得大量的点赞、关注。不少"大V"都搭建了视频号矩阵，他们也会通过这种方式为矩阵中的小号、新号引流。

第二，我们要尽量于短时间内在"大V"的视频评论区留言。当"大V"发布视频后，我们越早评论，越有可能获得更多的赞，也越有可能排在评论区的前几位。要注意的是，如果"大V"的评论区里已经有了大量评论，那么我们就没有必要再评论了，因为在这种情况下，评论获得点赞并提升排位的机会十分渺茫。

第三，我们的评论内容要有新意，要给人留下深刻印象。"太好了""赞""转发了""支持"等评论的价值不高，应尽量避免。我们可以留下朗朗上口的"金句"，也可以留下一针见血的分析，还可以留下令人捧腹的幽默段子。

点赞、评论是视频号引流的重要渠道，提升点赞量和评论量可以有效提升短视频的曝光度，并吸引一批新"粉丝"。同时，点赞量、评论量也是反映账号活跃度的重要指标。为了让账号更快地成长，我们必须坚持与用户互动,力争提高点赞量和评论量。

5.3 直播引流:用好直播三大利器

直播是视频号引流的一大利器,也是微信生态圈的一个重要流量入口。用户可以通过直播间进入我们的视频号、个人微信号、微信公众号。

视频号直播的主要入口有以下七个:第一个是微信"发现"页的"直播""附近";第二个是视频号"关注"列表入口,打开视频号"关注"列表,正在直播的账号会显示"直播中";第三个是朋友圈分享;第四个是通过公众号,打开某公众号主页,如该账号正在直播会显示"直播中",通讯录中的公众号也会显示正在直播的账号;第五个是"订阅号消息",打开"订阅号消息"会显示正在直播的订阅号;第六个是通过微信好友名片打开其视频号主页,如正在直播则会显示"直播中";第七个是通过视频号主页预约直播。

视频号直播不仅入口多,玩法也多。经过多次更新后,视频号直播的主要玩法包括推流、互动和连麦三种。如果我们想通过直播为视频号引流,为微信私域流量池引流,就要用好这三大利器。

5.3.1 推流:使直播更专业

2020年年底,在万众期待下,视频号直播的推流功能上线了。为什么推流功能备受瞩目呢?原因有以下三点:

第一,一般直播只能用手机摄像头这一设备进行直播,而推流直播则可以借助相机、摄像机、无人机等设备进行直播,且直播画面质量大幅度提升,画面的内容变得更丰富了。通过推流直播,用户和主播可以获得更好的体验。

第二，推流直播可以直播各种类型的画面，包括提前录好的视频、手机或电脑录屏画面、同步其他直播间的画面等。推流直播还可以在直播页面中加入特效和装饰。

第三，推流直播支持多路推流，即同一个直播源可以在多个平台同步直播。比如，我们可以通过推流功能同时在视频号平台和抖音平台直播，使直播同时覆盖更多渠道、更多用户。

目前，满足一定条件的企业账号和个人账号均可申请开通直播推流功能。直播推流的开通条件如图5-2所示。

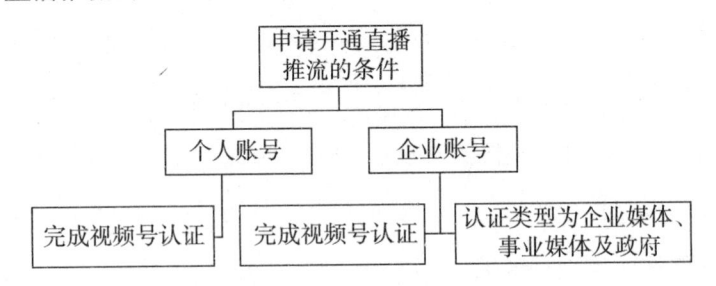

图5-2 直播推流的开通条件

如果你满足上图中的直播推流的开通条件，就可以登录视频号助手官网①，进入"直播管理"页面，点击"直播间管理"，并申请开通直播推流。直播推流申请如图5-3所示。

接着，填写图5-4中的申请信息并提交即可。

直播推流开通后，我们就可以进行推流直播了。在开始直播之前，我们要先用电脑登录视频号助手官网，在主页左侧的直播板块中选择"直播推流"，设置直播封面和描述，然后点击创建并获得推流地址和推流密钥。

---

① 视频号助手网址：https://channels.weixin.qq.com/。

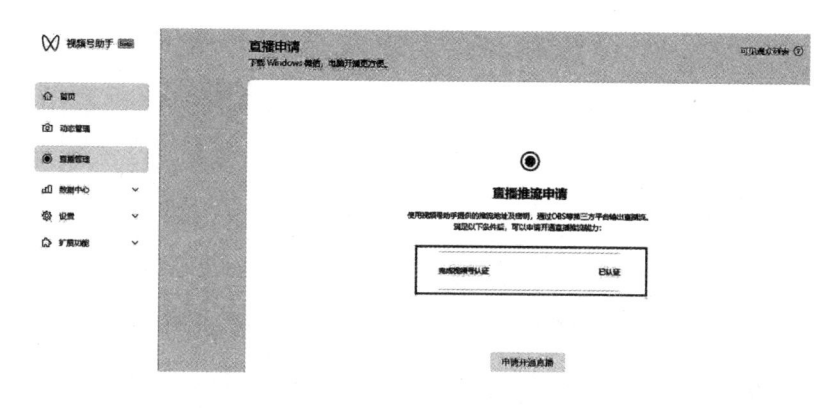

图 5-3 直播推流申请

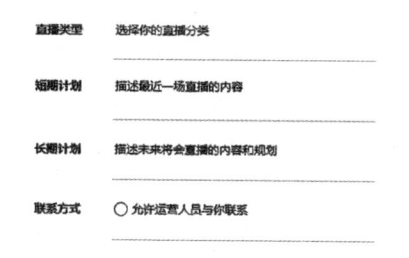

图 5-4 需要填写的直播推流申请信息

接着，我们要使用 OBS 等软件将直播信号推流至推流地址，然后在视频号助手网页中点击"开始直播"。直播结束后，应先在视频号助手网页中点击"结束直播"，接着再断开推流。如果多次出现直播结束后不点击"结束直播"的行为，账号的直播权将会被平台收回。

推流直播的出现使直播的专业性得到了提升，我们可以通过视频号进行专业直播，呈现更丰富的内容。最重要的是，我们可以同时在多个平台同步直播，并有机会将其他平台的流量引到我们的视频号中。

5.3.2 互动：留住直播间里的用户

直播间的活跃度、用户观看直播的时长、直播间的人数等是决定直播间人气的关键因素。如果我们想要提升直播间活跃度，留住直播间内的用户，就要做好直播互动。直播互动可以分为直播前和直播中两个阶段。

1. 直播前

直播前我们要做好预热工作，告诉用户和潜在用户直播的时间、主题等信息。通常，直播预热要在直播正式开始前1～3天进行。

首先，我们应在视频号进行直播预告。预告信息会出现在视频号个人主页，"粉丝"可以提前预约直播，预约成功的"粉丝"会在直播开播前收到开播提醒。设置直播预告是重要的预热手段，千万不能省略。

其次，我们应在朋友圈以及其他社交媒体上进行直播预告。在各平台进行直播预告，能让更多的人走进我们的直播间。而且，对我们的直播感兴趣的人看到预告信息后，会按照提示在视频号平台进行直播预约。这样一来，我们引流、吸粉的目的就达到了一半。

最后，我们应利用微信群为直播预热。微信群内的预热方式主要是直播预告和微信红包。在直播开始前几天，我们可以在微信群内发布直播预告和微信红包，并利用微信红包封面①为视频号和直播间引流。我们可以在微信红包封面开放平台自主设计封面样式、创建封面故事，还可以付费定制专属红包封面。微信群成员收到红包的同时，也获取了红包封面上的信息。

2. 直播中

直播正式开始后，主播和房管要互相配合，活跃直播间的气氛。主

---

① 微信红包封面是微信面向品牌主开放的封面付费定制平台。

播可以事先准备一些幽默段子和网络金句，并在适当的时候用于活跃气氛。新手主播可以多看看别人的直播，学习别人的话术、动作和直播内容，还可以准备一些用于活跃气氛、引导互动的话题。有必要的话，还可以准备一些道具。

主播在直播过程中要注意几个重要事项：第一，新用户进直播间时要表示欢迎；第二，收到礼物后要表达谢意；第三，引导用户分享直播间，关注视频号。这些事项也是与用户互动的基本方法。

直播间内的房管要注意维护秩序，引导用户发言；此外，房管还要为主播"刷礼物"，让直播间看起来更热闹；当直播间有新用户进入时，房管要主动欢迎。总之，房管是直播间内的重要角色，承担着维护直播秩序、活跃直播间氛围的责任。我们在进行直播时，一定要安排好相应的房管。

在直播过程中，主播还可以通过抽奖来活跃气氛。视频号直播的抽奖方法很简单，只需要点击直播间底部的抽奖按钮即可输入参与方式、开奖时间、中奖名额、抽奖描述（选填），并发起抽奖。抽奖的时间和次数没有硬性规定，我们可以根据直播内容自行安排。

5.3.3 连麦：强强联合

直播连麦是指两位主播同时打开直播间，同时出现在直播画面内，并进行互动。视频号直播的连麦功能十分强大，主播可以和"粉丝"连麦，也可以和视频号"大V"连麦。连麦可以增强直播间的互动性，使直播内容变得更为丰富。

连麦的首选当然是视频号"大V"。视频号"大V"自带流量，与他们连麦，不仅能活跃气氛，还能让我们的直播间提高曝光度。在进行直播预热时，与"大V"连麦互动也是一个很好的宣传点，能让我们的直播获得更多关注。

当然，并不是人人都有机会与"大V"连麦。如果不认识"大V"，也没有渠道和他们连麦时，我们可以选择与"粉丝"连麦，或者与其他非"大V"账号连麦。我们可以通过连麦为"粉丝"答疑，与"粉丝"分享经历和感想，与"粉丝"谈天说地，也可以有效地激励"粉丝"与主播互动。

5.4 生态圈引流："视频号+微信号+朋友圈+公众号+微信群"组合拳快速引流

视频号是微信生态圈中的重要一环，谈到视频号运营就不得不提微信生态圈。微信生态圈中的视频号、微信号、朋友圈、公众号、微信群等形成了一个可以相互引流的巨大私域流量[1]池。我们可以利用"视频号+微信号+朋友圈+公众号+微信群"组合拳实现快速引流。

这套组合拳的打法有很多种，下面四种是最常见的，我们不妨结合案例来看看它们的效果如何。

5.4.1 "视频号+公众号+微信号+朋友圈"

"视频号+公众号+微信号+朋友圈"是最经典的引流方法，这种方法可以将流量从视频号引到微信号和朋友圈，将其转化为私域流量。

---

[1] 私域流量是指从公域、它域（平台、媒体渠道、合作伙伴等）引流到自己的私域（官网、微信、客户名单），以及私域本身产生的流量（访客）。

视频号"耶鲁学姐笑笑"曾在其短视频下方添加扩展链接"点这里加我微信！围观我的朋友圈！"用户点击该链接后，进入其公众号推送中，推送中有相关的图文信息和微信二维码。"耶鲁学姐笑笑"通过这种方式，将流量从视频号引到了公众号、微信号和朋友圈。用户加上她的微信号，进入她的朋友圈后，可以获得比较全面的"干货"和分享。

视频号的扩展链接功能可以说是引流"神器"，可以将流量引到个人微信号和朋友圈。我们要学会利用扩展链接将视频号流量引流到其他地方，使其转化为私域流量。

以带货为目的的视频号也可以用这种方式引流。比如，某女装商家在自己的视频号个人职业中加上了个人微信号，还在每条短视频的下方添加了扩展链接，扩展链接的跳转页面是图文内容和微信二维码。想咨询商品信息的用户，可以通过扩展链接或个人主页上的信息加商家的微信。

视频号的引流方式简单、快捷，这是其他短视频平台无法比拟的优势。

5.4.2 "视频号+公众号"

前文提到过，视频号和公众号之间的引流也可以通过扩展链接实现。我们可以在扩展链接中添加公众号文章链接。

比如，视频号"小北爱吃肉"发布了标题为"VLOG 我会喜欢慢一点的关系"的短视频，这条短视频下方的扩展链接是公众号文章《好的女生都被逼得不会谈恋爱了》。二者相互关联，看完短视频的用户一般会顺手点开扩展链接，进入公众号阅读文章。于是，视频号的流量便被引到了公众号。

当然，我们也可以将公众号的流量引入视频号。我们可以在公众号文章下方添加视频号二维码，并引导用户关注视频号。除此以外，还可以通过公众号的"关键词回复"置顶"菜单栏"等功能将用户引流到视频号。

视频号和公众号之间的互相引流，一方面有利于形成微信内容矩阵，另一方面可以提高用户黏性。

5.4.3 "视频号+微信群"

将视频号流量引流到微信群可以形成私域流量池，为流量变现打好基础。从视频号到微信群的引流，也可以通过扩展链接完成。

比如，某摄影视频号通过扩展链接将流量引入了摄影同好会微信群。该视频号的每条短视频下方都添加了扩展链接"前五百位免费加入摄影同好会"。用户点击该扩展链接后，可以看到微信群二维码以及社群的图文介绍。

5.4.4 "朋友圈+视频号"

我们可以通过在朋友圈分享视频号二维码或短视频的形式，将朋友圈流量引流到视频号。看到这里，有人可能会问：朋友圈流量已经是私域流量了，为什么还要引流到视频号呢？因为微信是一款社交即时通信工具，微信用户之间存在较强的连接。前文提到过，视频号也具有很强的社交属性，一位用户给短视频点赞后，该用户的微信好友也会看到这条短视频。我们将朋友圈流量引到视频号后，视频号的短视频会通过一个又一个社交圈被不断传播，视频号也将突破微信好友组成的小圈子，走向更大的舞台，吸引更多的流量。

当我们的视频号有了更多流量后，我们将这些流量引入微信号、朋友圈、公众号、微信群等，然后利用社交关系通过私域流量吸引更多公域流量。在微信生态圈中，公域流量和私域流量可以相互转换，并形成良性循环。

需要特别注意的是，我们在微信生态圈内的人设应保持一致，比如，一位健身达人的视频号、公众号、朋友圈、微信号都应该打上健身标签，只有这样，微信生态圈各环之间的相互引流才能更顺畅。

背靠微信生态圈是视频号的重要优势，我们一定要充分利用这样的优势，打好引流的组合拳。

第6章
账号变现：把流量变成超级印钞机

当视频号运营渐入佳境，拥有了一定的粉丝量和影响力，流量变现就变得势在必行了。视频号账号变现的主要方式包括电商变现、直播变现、IP变现和教育变现，视频号运营者可以根据账号定位、目标用户群体、内容调性等选择合适的变现方式。

6.1 广告变现：通过接广告赚钱

互联网行业有这样一个公式："用户 = 流量 = 金钱"。这个公式直接阐明了流量的价值。当我们的视频号有了流量后，变现的机会自然就来了。

视频号变现的方式很多，其中最常见的是广告变现。当视频号的"粉丝"或播放量达到一定数量后，广告主会主动找上门来投放广告，进行品牌宣传和产品推广。广告变现的周期较长，对视频号的"粉丝"量和影响力有一定要求。以下为腾讯智慧出行在视频号平台投放的广告（见图6-1）。

图6-1 腾讯智慧出行在视频号平台投放的广告

如果你的视频号运营已经初见成效，具有一定影响力和"粉丝"量，那么你就可以尝试广告变现了。广告变现的形式多种多样，其中的最佳方式是为品牌或产品定制内容。

6.1.1 广告变现的三大方式

广告变现是视频号变现的最主要途径之一，也是最直接的变现方式。只要我们有一定量的"粉丝"，并在短视频中植入品牌或产品信息，就能获得广告收入。广告变现的基本形式包括以下三种。

1. 植入广告

植入广告是指在短视频中植入品牌或产品信息，植入方式包括背景植入、道具植入、台词植入、情景植入等。植入广告比较容易被大众接受，在运营水平一致的情况下，它的变现效果也更好。

2. 链接广告

在视频号平台上，我们可以在短视频下方放上链接，用户点击链接后，就能跳转到广告页面。很多培训机构都通过这种方式投放广告。以下为某培训机构投放的链接广告（见图6-2）。

3. 定制广告

定制广告就是专门为品牌或产品定制的短视频内容。比如，视频号"李筱懿"就为护肤品牌怡丽丝尔定制了短视频广告《真的会逆生长吗？》。这则定制广告中不仅有短视频，还有公众号文章，为品牌进行了

第6章 账号变现：把流量变成超级印钞机

全方位的宣传，如图6-3所示。

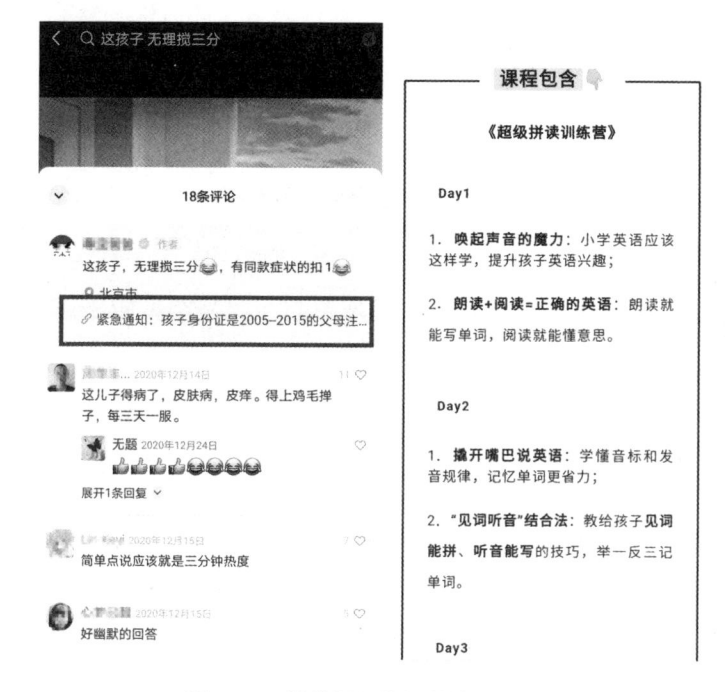

图6-2 某培训机构投放的链接广告

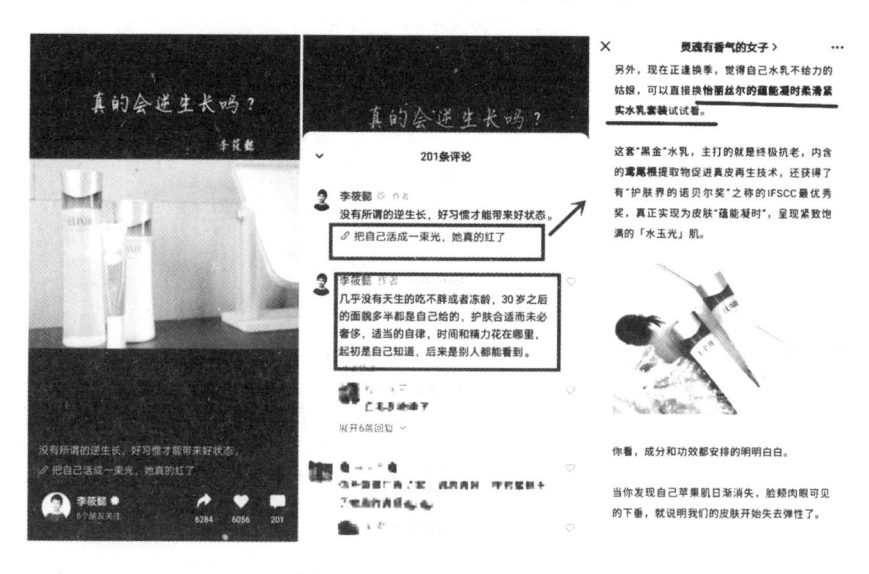

图6-3 李筱懿为护肤品牌怡丽丝尔定制的广告

以上三类广告是视频号平台上最常见的。随着平台的不断发展，未来可能会出现更多的广告形式。到那时，我们开展广告变现的方式也会变得更加多样。

6.1.2 广告变现的最佳途径：为品牌定制内容

如今，消费者市场的细分程度越来越高，产品类型越来越多样，营销信息五花八门，而广告的主要功能是将特定的产品信息、营销信息传递给目标受众。因此，我们在"打广告"之前，要了解自己的主要用户群体和广告的目标受众是否匹配，一般来说，视频号的主要用户群体与广告的目标受众匹配度越高，广告的效果就越好。

对于视频号运营者来说，"打广告"就是"戴着脚镣起舞"，我们既要保证广告效果，又要保证短视频的质量，而普通的植入式广告无法很好地兼顾二者。因此，广告变现的最佳方法就是为产品、品牌定制内容。为产品、品牌定制内容是指将广告作为主体来创作短视频内容。这样一来，我们可以将广告视频和其他视频分开，避免广告对其他优质内容的损害。

视频号"康师傅茉莉清茶"发布的微电影《非你茉属》就是为产品定制的内容，其中，钢琴曲《茉莉花》和茉莉花茶是整部微电影的主要线索。这部微电影的画面精美，情节隽永，即使明知是广告，用户也愿意看下去。

广告变现是较为常用的视频号变现方式，但对视频号的"粉丝"量和影响力有一定要求。因此，我们开展广告变现的前提是要运营好视频号，先获得足够的流量。

6.2 电商变现：商家最好的变现方式

随着互联网的发展，零售电商的准入门槛越来越低。在平台电商时代，商家想做电商，就要会运营淘宝、京东等线上店铺。这类线上店铺的运营难度较高，需要具备多项专业技能。

进入移动互联网时代以后，社群电商开始兴起，只要会编辑文字、图片，会运营社群或朋友圈，就能做社群电商。短视频和直播兴起后，电商的进入门槛进一步降低，只要有一部能拍摄照片和视频的手机，在田间地头也能卖产品。

视频号不仅是短视频平台，具有短视频、直播功能，而且背靠微信生态圈，可以与公众号、微信群和朋友圈无缝连接，可以说，视频号在电商变现方面具备天然优势。最重要的是，微信生态圈的社交网络可以充分地为视频号电商赋能，提升其变现能力。

归纳起来，视频号的电商变现方法主要包括以下四种。

6.2.1 "视频号+小商店"

"视频号+小商店"是最直接的电商变现方法，我们只需要在视频下方设置小商店链接，用户即可点击链接跳转到小商店购买相关产品。开通小商店并不复杂，只需以下三步，如图6-4所示。

开通小商店后，我们要从视频号个人主页进入"创作者中心"页面，点击"带货中心"，并按规定接入商店即可。当小商店正式运营后，其入口会出现在个人主页的简介下方。接入小商店的步骤如图6-5所示。

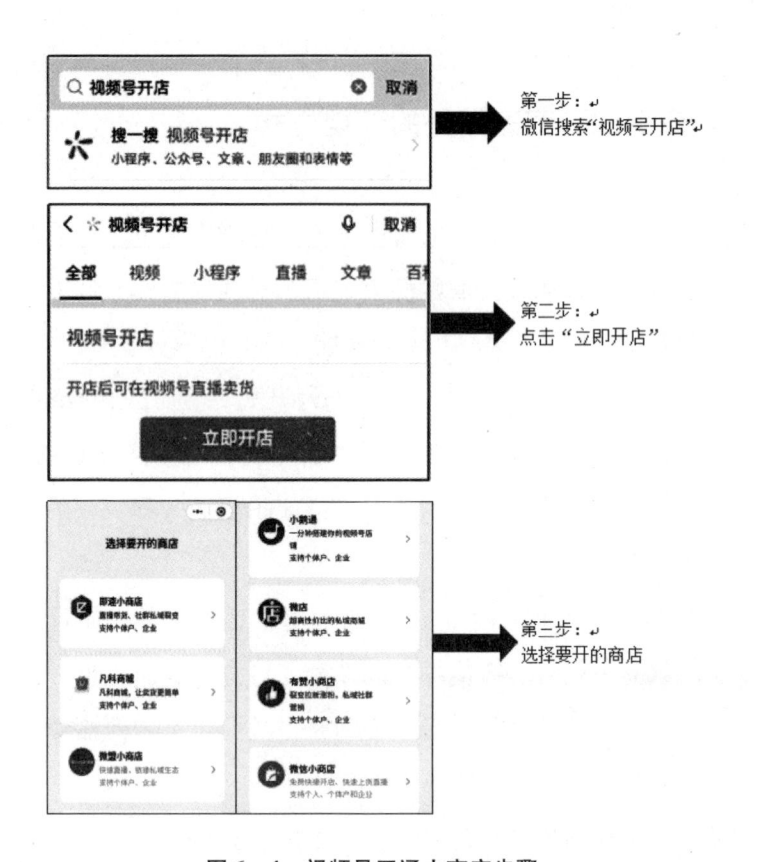

图 6-4 视频号开通小商店步骤

图 6-5 视频号接入小商店的步骤

第6章 账号变现：把流量变成超级印钞机

接入小商店后，我们就有了工具，就可以利用小商店开展电商变现了。一方面，我们要提高短视频的质量，利用短视频为用户种草，吸引他们购买产品；另一方面，我们要充分利用朋友圈发挥视频号的社交属性，提升电商变现的效率。

小商店的开通几乎没有门槛，有"电商梦"的视频号运营者都可以开通小商店，并利用短视频卖货。比如，视频号"云芸好物"开通、接入了小商店，并上架了相应短视频中推荐的好物。该视频号的"粉丝"如果对短视频中的产品感兴趣，直接点击链接或其视频号主页的"商品"栏即可购买产品。"云芸好物"的小商店变现方法如图6-6所示。

图6-6 "云芸好物"的小商店变现方法

想利用短视频卖货，就要提升内容质量，设置新颖的场景，用更有创意的方法介绍产品，只有这样，才能吸引用户点击商品橱窗，进而购买产品。

6.2.2 "视频号+小程序"

除了小商店，我们还可以通过"视频号+小程序"的方式进行电商变现。这种变现方式更适合虚拟产品，比如付费工具、付费测试、付费课程等。图6-7某视频号的小程序变现方法。

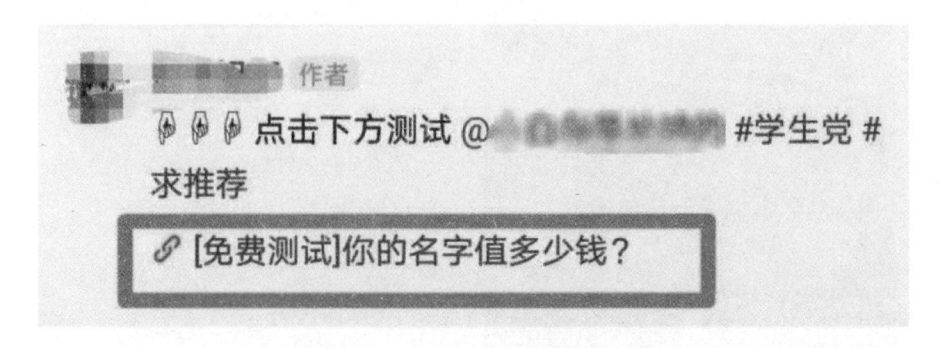

图6-7 某视频号的小程序变现方法

如果你的视频号还没有关联小程序，你只需要进入视频号个人主页，点击"创作者中心"，然后点击"带货中心"，我们可以选择关联小商店或小程序。需要注意的是，视频号关联小程序应满足以下三个条件：

（1）当前视频号和小程序的主体一致；

（2）当前视频号和小程序的超级管理员一致；

（3）视频号的管理员为小程序的推广者。

在短视频下方设置小商店或小程序链接后，我们要适当地用话术引导用户点击链接，如"点击链接即可 get 同款""点击下方链接，测一测……"等。另外，如果我们在小商店内上架了京东、淘宝或拼多多上有佣金的商品，那么当用户通过我们的小商店链接购买了该商品，我们就可以得到相应的佣金。

6.2.3 "视频号+公众号+微信商城"

视频号电商变现的第三种方法是"视频号+公众号+微信商城"，即在视频号中利用微信公众号和微信商城销售产品。这种变现方法不仅可以将流量引入公众号，还可以将用户留在自己的微信商城里。视频号"李筱懿"的"视频号+公众号+微信商城"变现模式如图 6-8 所示。

不过，这种变现方法有一个弊端：交易链太长，容易导致用户流失。我们可以根据实际情况，选择是否运用这种电商变现方法。

图6-8 视频号"李筱懿"的"视频号+公众号+微信商城"变现方法

6.2.4 "视频号+微信群"

视频号背靠强大的微信生态圈，有很强的社交属性，我们可以将视频号与微信群结合起来，开展社交电商。

比如，某读书类视频号在其短视频下方添加微信群链接，用户进群后可以参与付费课程。微信群一般分为免费群和付费群。如用户进入免费群，可以在群中购买课程和相关资料；如用户进入付费群，需要提前缴纳一笔入群费，如图6-9所示。

视频号的电商变现是商家最喜欢的变现方式之一，一方面可以利用短视频为用户种草，另一方面可以借助小商店、小程序、微信商城和微信群直接销售产品。只要抓好短视频质量，为产品的选品把好关，就能有效提升变现效率。

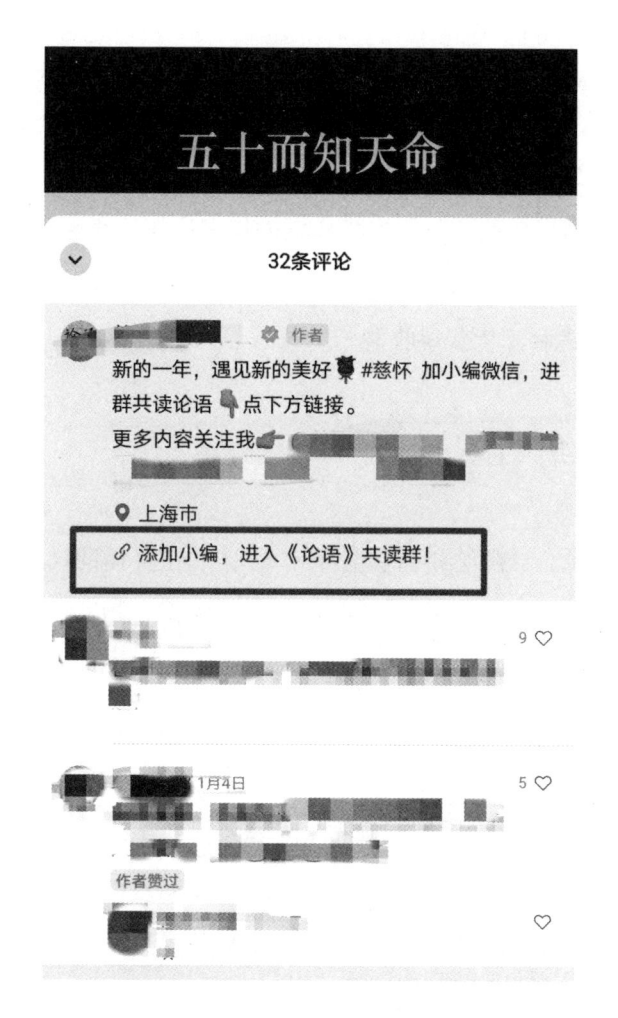

图 6-9　某读书类视频号的"视频号+微信群"变现方法

6.3　直播变现："打赏+带货"

随着移动互联网的发展，直播已经成为网络经济的重要组成部分，直播几乎可以与任何领域适配，如"直播+知识付费""直播+新零售""直播+电商"等。因此，各大新媒体平台都纷纷上线直播功能，视频号直播也于2020年下半年上线。

直播功能上线后，视频号运营者纷纷试水，开始尝试直播卖货。其中，视频号"潇掌柜"仅用30天就通过直播卖洗发水达到几千万元的销售额。这样的销售佳绩证明了视频号直播具有超强的变现能力。

直播变现是视频号的主要变现方式之一。在直播间内，主播主要依靠"粉丝"打赏和卖货获得收益。

6.3.1 "粉丝"打赏

在直播领域，"粉丝"打赏是指"粉丝"在直播间向主播赠送"礼物"的行为。这里的"礼物"是指直播间的虚拟礼物，需要"粉丝"付费购买。主播获得"粉丝"的打赏后，还要与直播平台分账。目前，"粉丝"打赏仍然是一些直播平台和主播的主要收入来源。

视频号平台也有相对完善的直播打赏体系（微信豆），年满18周岁的视频号运营者均可开通直播打赏功能。

视频号平台会根据相关规则，计算出主播在直播期间获得的打赏值和未计税收入，主播提现时，平台会代扣相关税款。主播需要和平台分成，主播最终收入的计算公式如图6-10所示。

主播最终收入 = 未计税收入（根据打赏值计算） - 渠道技术及服务成本 - 平台依法代扣代缴的税款

图6-10 主播最终收入的计算公式

获得"粉丝"打赏后，我们只要点击进入"创作者中心"，然后点击"直播收入"即可提现（见图6-11）。一般来说，发起提现后的7~14个工作日，直播收入会被打入主播的微信零钱账户内。

图 6-11 直播收入提现入口

如果你想通过直播获取"粉丝"打赏，那么你除了要为用户提供优质的直播内容外，还需要掌握一些互动技巧。你可以在平时的生活中有意识地积累一些幽默段子、互动话术，并适时地将它们应用在直播中。你还可以准备一些有趣的小道具，用于吸引"粉丝"的注意，增加新鲜感。

或许刚开始直播时，你的直播间内只有寥寥几人，但如果你坚持做下去，并认真总结经验，积极学习直播话术、直播技巧，就可能积累一批忠实"粉丝"。

6.3.2 直播带货

在视频号平台上，主播除了获得"粉丝"打赏，还可以通过直播卖货来赚取收益。相比传统电商，直播卖货的优势十分明显：第一，直播可以直观地展示产品细节，使产品更加真实可信；第二，用户在观看直播时，更容易产生购物冲动，做出消费决策的时间也更短；第三，直播间内的热烈气氛可以有效提升销售转化率。

视频号直播的带货方式是"直播+小商店"，我们可以在小商店内上架产品，然后通过直播展示产品，并引导用户购买。为了提升直播间的转化率，我们不仅要做好直播，更要做好直播前的准备工作和直播后的售后服务。

1. 直播前的准备工作

俗话说"不打无准备之仗"，在正式开始直播卖货前，我们应该做好以下几项准备工作。

（1）仔细检查直播产品。

开始直播前，我们要准备好直播产品，熟悉产品的使用方法和特性，检查产品是否存在质量问题、产品款式是否齐全等。

（2）与产品供货商沟通。

不管是自己卖产品，还是帮厂商卖产品，我们都要在直播前与产品供货商充分沟通，再次确认参与直播产品的品名、颜色、数量、规格等信息，并确认产品销售文案、产品说明是否存在谬误，产品是否备足等。

如果我们是帮厂商卖产品，还需要与厂商确认直播中的活动流程，比如是否有赠送优惠券、发红包、抽奖环节等。我们还要和厂商提前沟通，确保观看直播的用户有问题时，客服能及时解答。

（3）做好产品展示准备。

我们要提前准备好产品讲解词，知晓产品展示方法，有产品使用心得等。只有做好充分的准备，我们才能在直播时讲解得更加详细、生动。

（4）提前预热。

前文提到过，在开始直播之前，我们要做好直播预热，告知用户直播的时间、内容，以及直播中会发放的福利等。我们可以制作直播预告海报，并将微信群二维码放在海报上，然后在各个微信群和朋友圈发布直播海报，吸引用户进入微信群，预约直播。

我们还可以向已经关注我们的"粉丝"发送私信，提醒他们观看直播，或者在其他社交平台发布直播预告。总之，我们要让尽可能多的人了解直播信息，只有这样，才会有更多的人进入直播间。

做好上述这些准备后，我们就可以开始直播了。

2. 直播中的注意事项

在直播过程中，我们除了要介绍产品、与用户互动，还要注意以下几个要点。

（1）引导用户关注视频号并分享直播间。

我们要引导直播间内的用户关注视频号，并将直播分享到朋友圈和微信群，以吸引更多的人进入直播间。同样的话术在直播时可多重复几次，因为可能不断有新的用户进入直播间。

（2）介绍产品时要全面。

我们在介绍产品时一定要全面。比如在介绍服装时，我们不仅要展示服装的款式、面料、设计细节、颜色和尺寸等信息，还要展示服装的试穿效果，让直播间内的用户了解服装的全貌。

（3）分享真实感受。

在直播卖货的过程中，我们要分享真实的产品使用心得，向直播间内的用户传达自己的真实感受，不能夸大产品的功效。为了避免直播时的"言不由衷"和"口不对心"，我们在选品时就要把好质量关，只选择优质产品。

（4）穿插活动。

直播卖货的过程中一定要穿插限时优惠、秒杀、抽奖等活动，一方面，这些活动可以"炒热"直播间气氛；另一方面，优惠活动可以让观看直播的用户产生消费冲动。另外，我们在直播中穿插活动时要与供货厂商做好对接，确保货源充足。

（5）把握直播时长。

卖货直播的时长通常为 2 小时左右，我们可以根据实际情况适当延长或缩短直播时长。在一场时长为 2 小时的直播中，预热时间为半个小时，在这半个小时内，我们要将用户留在直播间，还要引导他们分享直播间。

3. 直播后的售后服务

直播结束后，售后工作才刚刚开始。如果用户在直播间内买到的产品出现问题，我们应该本着对用户负责的心理，为他们做好售后服务，帮助他们退货、换货，与厂商沟通。只有这样，才能赢得用户的信任。

6.4 IP 变现："打造个人 IP + 知识付费"

2020 年，母婴育儿类视频号"查理校长"运营才短短 3 个月，就入选"清博大数据母婴榜"，并高居榜首。视频号"查理校长"的运营者曾从事多年教育培训工作，在儿童教育方面具备专业水准，随着该视频号的爆红,"查理校长"成为视频号平台上的著名个人IP,并借助个人IP实现了流量变现。

个人IP就是个人品牌,只有在某个专业领域内既有专业能力,又有一定影响力的人,才有可能成为个人IP。那些知名企业家、著名演员及艺术家都拥有个人IP。他们的名字、形象是无可替代的,具有极大的价值。

"查理校长"视频号主页如图6-12所示。

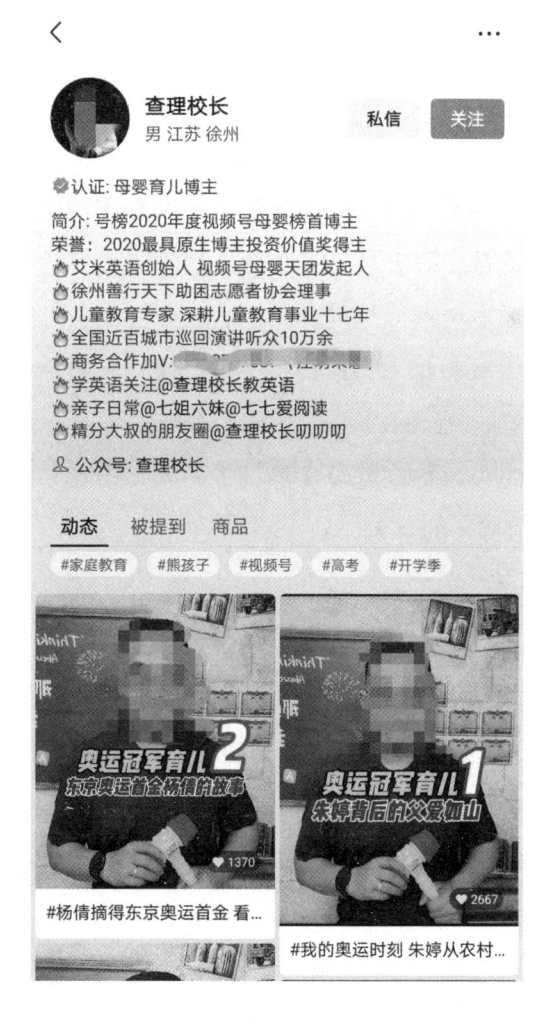

图6-12 视频号"查理校长"的主页

通过打造个人IP，我们不仅能建立个人品牌，还能让自己拥有流量"护城河"，最重要的是，我们有了更大更多的流量变现的空间和机会。

6.4.1 打造个人IP

通过个人IP实现流量变现的第一步是打造个人IP。通过分析"查理校长"的成功案例，我们可以总结出打造个人IP的五个要点。

1. 真人出镜

很多人在运营视频号时会因为各种各样的顾虑而不敢真人出镜，事实上，这种做法非常不利于打造个人IP。视频号"查理校长"在运营之初，也没有采用真人出镜的拍摄方式，一段时间后，运营者认为没有真人出镜的短视频很容易被人模仿，于是他决定出镜表演。后来，他就成了"粉丝"心中的"查理校长"。

真人出镜的短视频更有竞争优势，也不容易被模仿，而且更容易打造"人设"，形成鲜明的个人标签。

2. 树立鲜明的人设

想要成功地打造个人IP，我们还要为自己树立鲜明的人设。"查理校长"的人设是校长，他的短视频也以校长课堂的形式呈现。他以校长的专业形象，向家长传递教育理念和教育方法。久而久之，"查理校长"在"粉丝"心中也逐渐具象化了，即一位精通育儿的校长。

我们可以学习"查理校长"的做法，在短视频中为自己设计一个角色，并不断强化自己的人设，在用户心中树立一个鲜明的形象。

3. 制造记忆点

一提到李佳琪，大家就会想到他的口头禅"oh，my god""买它"等，这些口头禅就是关于李佳琪的记忆点。如果我们想成功打造个人IP，就要学会制造记忆点。

记忆点可以是语言、声音，也可以是视觉形象。记忆点就像钉子，需要"一锤一锤"地钉入用户的脑海中。"查理校长"就有令人印象深刻的记忆点，在每条短视频开头，"查理校长"都会用小锤子捶两下，然后说"上课了"。这一标志性动作在其不断地强化下，成为令人印象深刻的记忆点。

4. 取一个易记、易传播的名字

在前面的章节中我们已经学习过取名字的方法。我们可以按照前文中的方法为自己取一个易记、易传播的名字。"查理校长"这个名字虽然很普通，但朗朗上口，便于记忆。

5. 不断推销自己

我们要通过各种渠道不断推销自己，让更多的人认识自己。在这个"酒香也怕巷子深"的时代，如果我们不推销自己，即使我们的短视频内容十分精彩，也不会有很多人知道我们。

6.4.2 "内容产品+知识付费"

当个人IP形成以后，我们可以通过多种方式变现，比如接广告、代言、电商、知识付费等。受篇幅限制，这里只重点介绍知识付费。

随着经济的发展，人们对精神生活的要求越来越高，因此越来越多的人愿意为内容付费，为知识付费。我们可以抓住这个机会，将内容产品化，通过知识付费获得收益。

1. 打造内容产品

实现知识付费的前提是打造内容产品，因为产品是标准化、规模化、可复制的，只有产品化的内容才能被大批量地销售，实现高效变现。

任何产品都有对应的一个或若干个需求，不被需要的产品是没有变现可能的。因此，我们在打造内容产品时，要问自己三个问题：我的内容产品是什么？它能为用户提供什么？它是否值得购买？

为了回答上述三个问题，我们要从以下三个方面来打造内容产品。

（1）挖掘需求。

直白地说，挖掘需求就是找到让用户掏钱的理由，只有挖掘出目标用户的需求，我们才能打造与之对应的内容产品。一般来说，内容产品能够满足的用户需求包括消磨时间、娱乐放松、获取知识、学习技巧、获得资讯等。

我们一定要弄明白自己的内容是否能满足用户的需求，以及可以满足哪种需求。比如，某电影解说视频号专门发布影视剪辑、电影解说类短视频，该类内容可以满足人们消磨时间、娱乐放松和获取资讯的需求。

（2）持续满足需求。

挖掘用户需求以后，我们要争取持续满足用户需求。那么如何持续满足用户需求呢？

第一，我们要坚持做垂直化内容，在一个内容领域中不断深耕；第二，我们要持续生产内容，让用户始终能从我们的视频号中看到更新的内容；第三，我们要重视内容的调性，不断强化内容的特征，一个精美的片头、一段独特的配乐，都能起到这样的作用。

（3）为内容产品定价、定量。

只有定价、定量后，内容产品才能批量生产，用户才能判断该内容产品是否值得购买。

为内容产品定价时，我们要明确告诉用户自己所提供的服务，明码标价，不要模棱两可，不明确的定价只会吓跑用户。

我们在为内容产品定量时，应尽量缩短周期，不要将时间拉得太长。比如一套线上课程需要6个月才能上完，我们应将其分为2~3个周期，让用户可以分段购买课程，分周期上课。内容产品的周期太长，会一次性占用消费者较多的时间和金钱，可能使消费者放弃购买我们的内容产品。

2. 知识付费

知识付费的形式有很多，包括网课、会员制、训练营、图书出版等，我们可以根据需求，用不同的方式搭建内容产品体系。

比如，2020年开始运营的视频号"大驰的思考空间"就通过"线上课程付费+线下培训+咨询服务"这一系列的内容产品，成功开启了知识付费的道路。刚刚运营两个月时，该视频号的运营者大驰就推出了第一款内容产品，售价1000元。产品推出后，他通过公众号文章、短视频、长视频等多种方法进行推广。仅上线不到一个月的时间，这款内容产品就卖出了1000套，达到100万元的销售额。

大驰的内容产品之所以能取得这样的销售佳绩，是因为他采用了一种特殊的销售方式——分销。比如，用户付费体验过产品后，觉得很满意，可以推荐朋友购买，而该用户可以获得相应的佣金。视频号"大驰的思考空间"的主页如图6-13所示。

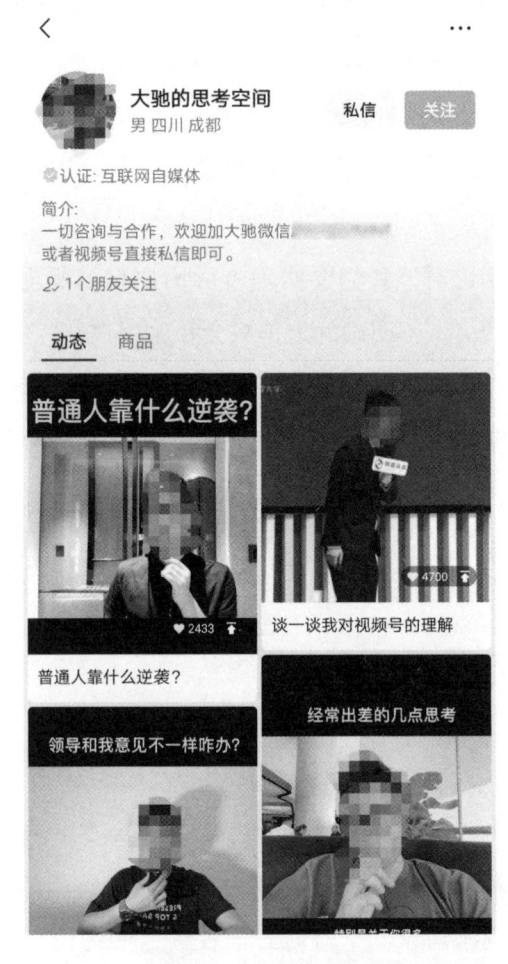

图 6-13 视频号"大驰的思考空间"的主页

大驰不仅采用了分销的方法销售内容产品,还通过内容筛选目标用户。他的短视频内容以真人口播的形式呈现,以个人思考等"干货"为主,而且短视频内容与内容产品贴合得十分紧密,喜欢他的短视频内容的用户,自然会对他推出的内容产品感兴趣。

大驰的知识付费之路之所以能走得如此顺利,是因为他拥有一批高黏度"粉丝"。在运营视频号之初,大驰就确定了"'粉丝'贵精不贵多"的原则，他并不追求"粉丝"数量，而是十分重视"粉丝"质量。通过培养高质量"粉丝"，他的视频号变现效率得到了大幅提升，这样的运营思路值得我们学习和借鉴。

6.5 教育变现："微课+训练营"

自从视频号上线以来，越来越多的人表现出了对视频号的兴趣，对运营自己的视频号跃跃欲试。在这样的背景下，很多教育机构和自媒体"达人"嗅到了商机，纷纷开设线上培训课程，做起了视频号运营培训。借着视频号的"东风"，他们赚得盆满钵满。

视频号运营课程和培训的火爆，为我们打开了一条视频号变现新路径——教育变现，即通过分享和传授视频号运营技巧获得收益。我们可以以微课和训练营的形式进行视频号教育变现，这两种方式各有特点，我们可以根据自己的需求选择其中一种，或将二者结合起来。

6.5.1 微课：卖课程

微课不仅有教学视频，还包含课件素材、练习测评、反馈、点评等，是一种综合性的教学资源。微课非常适合做视频号教育变现，为什么？

第一，微课的核心部分是教学视频，相比时长为45分钟的传统课堂，微课教学视频的时间更短，一般不超过10分钟。视频号运营的教学侧重于实操方法，并不需要过多地讲解理论知识。因此，微课的教学视频时长非常适合视频号运营的教学。

第二，虽然教学视频时长短，但是每节微课的教学内容还是要精练、有针对性，同时能够解决学员的实际问题。

第三，微课资源的容量较小，传播形式多样，可以发布在多种社交媒体上，在各类终端设备上播放。因此学员可以方便地学习微课。

　　微课的录制和制作并不复杂。在录制微课之前，我们可以提前准备好 PPT、思维导图等课件，以及麦克风、摄像头、白板等设备。最重要的是，我们要认真准备教学内容，避免在录制时出现错误。

　　录制微课的方式有很多，既可以选择录屏，也可以选择真人出镜录制。微课视频的时长最好不要超过 10 分钟。视频录制完成后，我们要对其进行适当的剪辑。适合录制微课的录屏软件有很多，比如 KK 录像机、Capture 等，我们可以根据实际需要选择。

　　微课视频录制、剪辑完成后，我们还需要给课程定价，并进行营销推广。我们可以通过微信群、公众号、朋友圈或其他社交平台来推广课程，也可以通过录制短视频进行课程推广。

6.5.2　训练营：卖服务

　　微课只能解决教学的问题，但无法很好地解决学员学习和实操的问题，导致教与学脱节。训练营恰好可以解决这一问题。通过训练营，学员可以进行大量实践，充分掌握相关知识。

　　为了让学员有更好的学习体验，将教、学、练整合起来，我们应在微课的基础上发展以课程为主，以作业、微信群、活动为辅的训练营教学。训练营可以让学员沉浸式学习，为学员提供大量的练习机会，非常适合"视频号运营"等能力型课程。

　　短则几天，长则几十天的训练营不仅能使学员受益，还可以让授课的老师直接获得学员的反馈，让运营者或运营机构获得一批高黏度"粉丝"。总之，训练营是一种具有高商业价值的线上教学模式。

　　做好训练营的关键在于打造产品体系，满足学员的差异化需求，覆盖更多的细分市场。课程体系是学员的学习成长路径，也是训练营的运营者或运营机构的引流、转化路径。

比如，某互联网运营训练营的课程体系包括"社群免费课程""9.9元7天体验营""99元14天打卡体验营""399元30天集训营"。其中，"社群免费课程"和"9.9元7天体验营"可以发挥引流作用，吸引新学员体验训练营；"99元14天打卡体验营"起到筛选学员和转化学员的作用，学员如果能坚持打卡14天，就可获得全额退款和免费学习资料；连续打卡14天的学员通常具有强烈的学习意愿，而且认可训练营的课程价值，这部分学员通常会参加"399元30天集训营"，并沉淀为运营者或运营机构的忠实"粉丝"。某互联网运营训练营课程体系如表6-1所示。

表6-1　　　　　　　　某互联网运营训练营课程体系

课程	社群免费课程	9.9元7天体验营	99元14天打卡体验营	399元30天集训营
作用	引流	引流	筛选、转化	沉淀
内容	社群分享、答疑	7节线上课程 7天社群答疑	14节线上课程 14天社群答疑 14天作业打卡	30节线上课程 30天社群答疑 30天作业打卡、点评
形式	语音、图文	视频、语音、图文	视频、语音、图文	视频、语音、图文

同时，应做好课程运营记录与分析（如表6-2）。

表6-2　　　　　　　　课程运营记录与分析

课程	作用	内容	形式
社群免费课程			
9.9元7天体验营			
99元14天打卡体验营			
399元30天集训营			

仅有优质的课程是不够的,我们还要做好社群运营,为学员提供优质的答疑服务。视频号是短视频运营的新阵地,想加入其中的人会越来越多,如果你有丰富的视频号运营经验,不妨抓住这个风口,做好教育变现。

07 CHAPTER

第7章

案例分享：拆解头部账号爆火的内在逻辑

随着视频号平台的发展，"萧大业""何青绫""赵小黎""皮皮教做菜""粤知一二"等头部视频号应运而生。这些账号在影响力、个人IP和流量变现等方面都有不俗的表现。通过拆解和分析这些账号，我们可以总结出他们取得成功的关键原因，并加以学习和借鉴。

7.1 "萧大业"：用镜头语言讲故事

在视频号平台上，有一位特别的"大爷"，他总是戴着墨镜和一顶帽子，用沙哑的嗓音讲述着各种观点和故事。他讲的内容五花八门，既有人生感悟，又有干货，无论讲什么，他总能吸引人们听下去。

这位气质独特的"大爷"就是萧大业。他的视频号"萧大业"是在视频号平台上成长起来的头部账号。对于之前没有接触过短视频运营的萧大业来说，其视频号的成功是偶然也是必然。

萧大业从2020年4月开始运营视频号，当时视频号上线不久，正处在高速发展期，萧大业抓住了机会，用优质的内容抓住了"粉丝"的心，获得了大量流量，他的成功是必然。

2020年7月25日，"萧大业"发布了一条标题为《我的父亲和母亲相濡以沫》的短视频，如图7-1所示。这条短视频唤起了人们的情感共鸣，也为"萧大业"带来了机遇。这条短视频的点赞量、转发量、收藏量均超过10万次。随着这条短视频的走红，萧大业也被越来越多的人熟知，各类商业邀约和表现机会随之而来。

在开始运营视频号之前，萧大业并没有运营短视频的经验，他错过了抖音、快手，但视频号让他相信"任何时候开始都不晚"。

7.1.1 任何时候开始都不晚

2020年4月，萧大业发布了第一条短视频。从此以后，他几乎每天都会通过短视频输出自己的观点和故事，有时还会录制几首歌曲。

图 7-1 短视频《我的父亲和母亲相濡以沫》

在萧大业眼中，短视频是一种重要的载体，他的人生故事和观点都可以借由短视频得以分享和传播。他说："我走过的路、爬过的山、跨过的海、结识的每一个人、去过的每一个地方都被浓缩在这 1 分钟里。"

不过，萧大业对短视频的态度并非一直如此。曾经的他非常抵触短视频，也不愿意出镜。2020 年年初的那段居家隔离的日子，萧大业接触到了视频号，为了打发时间，他拍起了短视频。当时，他并没有运营视频号的想法，而是将视频号当成朋友圈，短视频的内容也以分享个人生活为主。在这一阶段，视频号"萧大业"的运营情况并不理想。

后来，萧大业在复盘自己运营视频号的过程时说，将视频号当成朋友圈去做是不正确的，也是行不通的。虽然走了一小段弯路，但萧大业并不后悔选择视频号，他认为视频号让自己的生活发生了很大的变化。

相比其他自媒体"大V"，萧大业起步较晚，但他抓住了机遇，通过视频号实现了弯道超车。

萧大业曾在采访中说："很多人说现在开始已经晚了，我觉得不是，人生从来没有晚的开始，真正晚的是你从来没开始，你一直都不去做。"

只要你愿意去做，任何时候开始都不晚。

7.1.2 复盘使人进步

在运营视频号的过程中，萧大业曾做过无数次复盘，每一次复盘都让他收获满满。萧大业认为，复盘能使人不断进步。即使一个人的能力不如别人，他也可以通过不断复盘来总结经验和教训，一步步缩小与他人之间的差距。

在运营之初，视频号"萧大业"的运营数据并不理想。一段时间后，萧大业对视频号的运营情况进行了一次复盘。在复盘中，他发现视频号运营效果不理想的主要原因是：把视频号当成了大朋友圈。

与朋友圈不同，视频号是一个更为开放的平台，这个平台上有很多陌生人，他们对你的个人生活并不太感兴趣。因此，无主题的生活分享短视频很难吸引到用户。

意识到这一点后，萧大业开始向视频号"大V"学习，他花了大量时间观看"龙东平""秋叶大叔""刘兴亮"等"大V"的视频号。经过一段时间的观摩和学习，他认为自己也可以拍摄谈话类短视频，分享一些观点。于是，萧大业改变了短视频的内容方向。

通过这次复盘，萧大业扭转了局面，将视频号的运营拉上了正轨。萧大业认为，我们做任何一件事，都要不断复盘。在运营视频号的过程中，我们要对过去某一阶段的所有作品进行复盘。只有这样，我们才能及时发现问题、调整方向，做出正确的决策。

通过不断复盘，萧大业总结出了以下几条运营视频号的方法：

一是要定位精准。想要运营好视频号，运营者就必须找准账号的定位。萧大业认为，视频号的账号定位可以大致分为两种。

第一种账号定位是以打造个人IP为目标，以人为主，"萧大业"就属于这类账号。"萧大业"的内容涵盖了生活、教育和管理等多个方面，这似乎与我们提倡的"内容垂直化"相悖。但是，人们通过视频号"萧大业"记住了萧大业这个人，以及萧大业的个人IP。

未来，这类账号的价值很大，因为个人IP的商业价值会越来越大。比如，"李子柒"个人IP背后的商业价值就难以估量，可供挖掘的地方也很多，美食、文化、生活、时尚、媒体等多个领域都能与"李子柒"这一IP产生联系。

第二种账号定位是垂直内容输出。运营这类账号的关键是选择自己擅长的细分行业，对行业进行深度挖掘。做内容输出是一个长期的过程，运营垂直内容类账号时一定要对内容进行长期规划，一定要考虑该领域内可挖掘的内容是否足以支撑视频号的长期输出。

二是要有复盘思维。萧大业认为，复盘可以缩小人与人之间的思维差距，可以不断提升人的能力。吃一堑长一智，想要把视频号运营好，就要坚持不断地复盘。

三是要向高手学习。萧大业认为，不管我们从事何种行业，处于何种领域，都要保持谦虚的态度，积极地向高手学习。我们可以加入一些社群，认识各行各业的人，开阔自己的视野，拓宽交流的途径。

四是以结果为导向。我们运营视频号的目的不是娱乐自己，而是获得用户的认可，进而获得流量。因此，我们要以结果为导向，放下过剩的自我意识。比如，我们在策划短视频选题时，不能只考虑自己的喜好，而是要将目标用户的需求放在第一位。

五是内容为王，运营为辅。萧大业认为，没有优质内容，即使运营方法再好，最终结果也不会很理想，因为内容决定视频号的天花板。只有沉下心来，花时间钻研，才能做出优质内容。

7.1.3 记录生活，传递正能量

萧大业在运营视频号的过程中一直秉持着一个宗旨："传递正能量。"他认为，正能量是能够直击人心的力量，是能够真正打动用户的能量，而且，充满正能量的内容一定来源于生活。

从生活中寻找能令用户产生共鸣、直击用户心灵的内容并不容易。不过萧大业有一个好办法，那就是随时记录生活中的素材。在他的短视频中，有很多素材是他在平时的生活中拍摄的。

萧大业认为，生活中的场景放在不同的故事中会产生不同的效果。也许拍摄某张照片或某个镜头时，我们没有产生特别的感受，但当这张照片或这个镜头被放进某个短视频中时或许就能起到渲染气氛、触动人心的作用。

用心记录生活，用正能量打动用户，这是萧大业的短视频创作理念，也是他获得成功的秘诀之一。萧大业始终强调真诚，他认为，只有保持真诚，才能发现生活中的美，才能创作出有温度、打动人心的作品。

7.2 "何青绫"：接地气，有内容，讲干货

2020年短视频内容创业的赛道上，财经自媒体账号在各大平台上遍地开花，也涌现出了一批财经"大V"，比如"直男财经V""财经大司马"等。这些财经"大V"不仅受到财经内容爱好者的欢迎，更受到资本市场的青睐。

在众多财经"大V"中，有一个人的"画风"与众不同，她就是何青绫。在何青绫的短视频作品中，她既不是正襟危坐的财经专家，也不是嬉笑怒骂的财经段子手，而是温柔、亲切又接地气的"大众老婆"。

为什么何青绫会被称为"大众老婆"呢？

因为她在短视频里扮演的角色就是"老婆"。点开何青绫的短视频就能听到一个画外音亲切地喊着"老婆"，并提出一个个与财经相关的问题，比如：

"老婆，什么叫纸黄金？""老婆，什么叫爬行条款？""老婆，什么叫对冲交易？"

这些问题正是许多财经"小白"想了解的，何青绫的回答恰恰解决了他们的疑惑。而且，何青绫总是能用最通俗、最生活化、最接地气的语言解释专业的金融名词，财经"小白"也能轻松听懂。

不过，喜欢看何青绫短视频的人不仅有财经"小白"，还有一些财经从业者或具备相关专业知识的人。这位"大众老婆"究竟有什么魅力呢？

7.2.1 用最接地气的语言讲财经

看完视频号"何青绫"的短视频后你会发现，何青绫擅长将晦

涩难懂的金融知识转换成大众非常熟悉的语言，让每个人都能轻松理解。比如，她用借钱、还钱来解释"做空"；用农民买卖农产品的场景来讲解"期货"；用爷爷家的老房子来讲解"农村小产权房投资"。

在某期短视频中，画外音问道："老婆，什么叫干股？"

何青绫回答："股就是一些私企老板为了激励员工，会给他们一些虚拟股份，好让他们在年底的时候能够拿到一点点账面上的利润。但实际上绝大多数干股呢，都仅仅只有一个分红权而已，很少会有老板把你报入工商局，让你当真正的股东。所以那些拿着干股的人，往往既没有公司的所有权，也没有偿还公司债务的义务。当你签署所谓入股协议的时候，你要看清你的老板，是否给你增加了一些债务条款来坑你，懂了不？"

用最接地气的语言讲专业财经知识是"何青绫"的特色。不过，通俗幽默的财经类视频号不在少数，不少财经博主都可以把财经知识讲得通俗易懂。"何青绫"之所以能在众多财经自媒体中脱颖而出，是因为它还有一个撒手锏——"老婆"人设。

用户每次打开"何青绫"的短视频，都能听到那一声"老婆"，短视频的内容也以"我提问，老婆回答"的形式展开。"何青绫"的简介是"一枚全能的老婆大人"。短视频中，何青绫的形象也是温柔又能干的老婆。这样的形象在无形中拉近了其与用户之间的距离。视频号"何青绫"的个人主页截图如图7-2所示。

"何青绫"中的场景也非常生活化，如厨房、客厅。"何青绫"的短视频截图如图7-3所示。

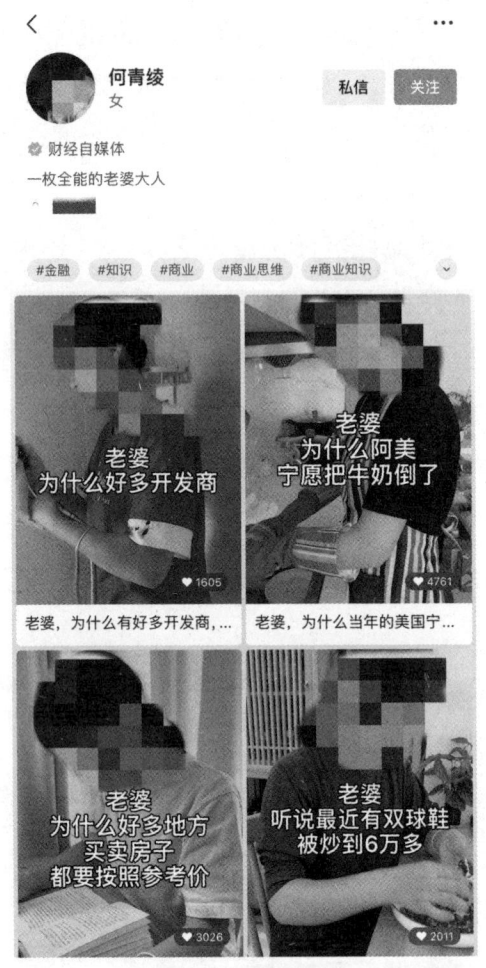

图 7-2 视频号"何青绫"的个人主页截图

与人们印象中的财经专家不同,何青绫是充满烟火气的,这也是她独特的魅力。

7.2.2 干货是核心竞争力

接地气的讲解风格和"老婆"人设是"何青绫"的竞争优势,但是,

图 7-3 "何青绫"的短视频截图

这些优势存在的前提是:"何青绫"的内容足够优秀。对于财经类视频号来说,如果没有过硬的专业知识,没有足够的干货,即使段子再幽默,讲解再接地气,也无法吸引用户。关注财经类视频号的用户要么想学财经知识,要么懂财经知识,只有干货满满的短视频,才能征服这些用户。

归纳起来,"何青绫"的短视频可以分为三类。

第一类是名词解释类,比如"老婆,什么叫转送股""老婆,什么叫基金定投?"以及"老婆,公租房是什么"等。这类短视频专门解释各类财经专业名词。

第二类是概念区分类，比如"老婆，等额本金和等额本息有什么区别？"和"老婆，租房子划算还是买居住权划算"。在这类短视频中，何青绫主要帮助用户理解和区分不同的概念。

第三类是答疑解惑类，比如"老婆，为什么有的单位喜欢用现金发工资啊？""老婆，假如我要开家公司需要跑哪些地方？"等。这类短视频主要解答大众关心的财经问题，以及与生活息息相关的财经问题。

第一个做财经类短视频的不是何青绫，流量最大的财经博主也不是何青绫，但她是最独特的一个。"大众老婆"的短视频内容令人耳目一新，专业性较强的财经内容在她口中变得如此接地气。

如今，财经类内容越来越受到年轻人的欢迎，财经自媒体也越来越多。如果你的短视频内容专业性也很强，那么不妨借鉴"何青绫"的方法，将专业知识用每个人都听得懂的话讲出来。

7.3 "赵小黎"：另类文艺画作，开辟"吸粉"新渠道

一块破门板，一块烂搓衣板，一个旧木盒，一个破水壶，经过巧手的点染，就能变成精美的图画或工艺品。拥有这双巧手的人叫赵小黎——一名"90后"艺术家。在她手中，垃圾堆里的破旧物件都可以变废为宝。

赵小黎的画笔不仅能化腐朽为神奇，还能为她带来巨大的流量。赵小黎在抖音、视频号、小红书等平台都有同名账号"赵小黎"。无论在哪个平台，她都凭借独特的风格和人设收获了大批"粉丝"。

赵小黎是2019年进入短视频领域的。入局之初，她就聪明地避开了搞笑、情感、家庭等已经饱和的内容领域，而是结合自己的特长，选择了绘画这个市场大的垂直领域。事实证明，赵小黎的选择是正确的，她以"高颜值""高冷""艺术家"的标签从众多短视频运营者中脱颖而出。

赵小黎的绘画专长以及独特的短视频风格不容易被模仿，但我们可以从人设、内容和 IP 三个方面分析赵小黎的独到之处。或许，我们可以从中学到一些实用的方法。

7.3.1 高冷人设，凸显艺术气质

作为一名艺术类博主，赵小黎的人设并不接地气，而是高冷的。这样的人设与其账号的定位和内容调性是十分吻合的。视频号"赵小黎"个人主页截图如图 7-4 所示。

图 7-4　视频号"赵小黎"个人主页截图

赵小黎树立的高冷的人设，在短视频创业市场上并不常见，但她的短视频作品质量很高，而且内容与人设相辅相成，营造出了一个富有艺术气息的形象。

而且，赵小黎的短视频作品风格相对单一，没有任何剧情，因此不适合树立复杂的人设。无论是搞笑人设，还是接地气人设，都需要剧情或其他内容来支撑。而高冷的艺术家形象，只需要绘画内容就可以塑造与支撑。

有人说，赵小黎的人设太简单，而且不符合主流趋势。恰恰相反，赵小黎的人设不仅与她的颜值、外形相得益彰，也与她的短视频内容的调性相匹配。对于赵小黎来说，树立高冷人设是一个非常明智的选择，能避免与其他博主的人设"撞车"。我们运营视频号的过程中，也可以借鉴这种思路，用人设为作品加分，用人设突出账号的差异性。

7.3.2 注重内容的形式与氛围

内容与形式孰轻孰重？相信大多数人都会认为内容更重要，不管是在图文时代，还是在短视频时代，"内容为王"都是颠扑不破的真理。然而，赵小黎却将形式和内容放在了同等重要的位置上。注重形式感，氛围感十足，是"赵小黎"作品的鲜明特点。在"赵小黎"的短视频中，我们能看到精美的布景、鲜艳的大片色彩，以及与环境呼应的穿搭。在"赵小黎"的短视频中，我们能感受到形式带来的美感。正因为如此，"赵小黎"的作品虽然风格单一，但并不乏味。

如果你仔细观察，就会发现很多内容高度垂直的账号在运营一段时间后，逐渐跨界或"偏题"。美妆账号"偏题"做服饰穿搭内容，或跨界做旅行内容。这些账号之所以选择"偏题"和跨界，是为了保持内容的趣味性，避免用户的流失。

"赵小黎"的短视频内容也高度垂直，但没有"偏题"或跨界，"粉丝"也并没有流失。究其原因，用形式赋予短视频趣味性是关键。可以说，"赵小黎"的短视频主题不仅仅包含绘画过程，还包括绘画的环境、情绪、场景，以及绘画者本身。在"绘画"主题不变的情况下，她在形式上做足了文章。

比如，赵小黎曾在视频中用沾满蓝色颜料的玫瑰花作画，也曾通过不同的镜头语言展现画作和布景，充分体现了形式感和艺术感。这样的作品风格也让赵小黎的高冷艺术家形象更加深入人心。

赵小黎的带货短视频也延续了这样的风格。与奥迪汽车合作的商业推广视频中，赵小黎将奥迪汽车画进了油画中，用这样的方式植入广告不仅别出心裁，而且没有破坏短视频的固有风格。

如果你也像赵小黎一样，拥有较高的审美情趣，也可以在作品的形式上做文章，给用户带来美的体验。

7.3.3 将"赵小黎"打造成个人IP

在短视频中植入广告只是赵小黎流量变现之路的第一步。她的野心远远不止打广告、带货，而是打造个人IP，并利用IP变现。

赵小黎不仅开设了线上绘画课程，还出版了图书《怦然心动：油画创作入门教程》。"赵小黎"这个IP已经具备了一定的商业价值，相信未来她还会在打造个人IP和IP变现的道路上继续耕耘下去。因为相比其他变现方式，个人IP变现的效率更高，渠道更多。比如，当"李子柒"这个个人IP品牌化后，她马上推出了系列产品，在全网取得了很不错的销量。

7.4 "皮皮教做菜"：分享实用的美食教程

美食类短视频赛道已经成为一片红海，每个短视频平台上都有数不清的美食账号。视频号平台上的美食类账号也数不胜数。美食类视频号之所以数量众多，是因为美食类短视频的创作门槛相对较低，只要热爱美食就能拍摄美食短视频，运营美食类视频号。

目前，短视频平台上常见的美食类短视频包括美食探店、美食测评、美食科普、美食制作等。其中，美食探店和美食测评类短视频的创作门槛最低，不会烹饪的人也可以拍摄这类短视频。美食科普和美食制作类短视频的创作门槛较高，需要创作者具备专业烹饪知识、食品知识、营养知识，以及一定的烹饪技术。

视频号"皮皮教做菜"发布的短视频属于美食制作类。打开该视频号的个人主页，我们会看到各种诱人菜肴及其制作方法。视频号"皮皮教做菜"的个人主页截图如图7-5所示。

"皮皮教做菜"在"号榜"于2020年发布的美食类"视频号年度TOP 100榜"中排名第二，是一个人气非常高的美食类账号。同时，"皮皮教做菜"在全网范围内的知名度也很高，在抖音也有账号。

7.4.1 内容："实用+接地气"

"皮皮教做菜"之所以能自竞争激烈的美食领域内脱颖而出，关键在于实用。"皮皮教做菜"发布的绝大部分短视频是家常菜教程，非常适合普通用户学习。

图7-5 视频号"皮皮教做菜"的个人主页截图

在视频号平台上,"皮皮教做菜"点赞量最高的一条短视频是"红烧肉"。在该短视频中,皮皮示范了红烧肉做法,即使是不善于做饭的人,也能按照视频中的步骤做出美味的红烧肉。

"皮皮教做菜"在短视频中介绍的美食制作方法既简单又实用,解决了很多人的痛点。因此,"皮皮教做菜"视频号的目标用户群体十分广泛,视频号涨粉速度也非常快。

"皮皮教做菜"的短视频不仅实用,而且十分接地气。

打开"皮皮教做菜"的短视频,除了诱人的美食,不标准的普通话也令人印象深刻。比如,"今天教大家一道菜,房豆(黄豆)炖局脚

（猪脚）""招待客人灰常（非常）有面子""粗长的白萝贝（白萝卜）"以及"中间的漏（肉）不要"等。这样的普通话不仅令人忍俊不禁，而且十分接地气。如今，发音不标准的普通话已经成为"皮皮教做菜"的特色，如果哪天皮皮说了标准的普通话，用户反而会不习惯。

实用和接地气的特点，让"皮皮教做菜"受到了很多用户的喜爱。不仅如此，"皮皮教做菜"还抓住了2020年新冠肺炎疫情期间美食视频号大爆发的机遇，创作出了"鸡蛋不要总是煮着吃，和我这样蒸着吃试试……孩子们超爱吃""为什么你炸的薯条不脆不好吃？"等爆款短视频。

"皮皮教做菜"的成功给了美食类视频号运营者一些重要启示：

第一，抓住用户痛点。"皮皮教做菜"抓住了很多用户"不会做菜""嫌做菜太麻烦""不会调味"的痛点，拍摄了一系列料理包美食，教大家用料理包做出美食。我们在运营美食类视频号时，也要抓住用户痛点，并给出解决方法。比如，某美食类视频号发布的短视频"没有烤箱，电饭煲也能做蛋糕"就很好地解决了部分用户"没有烤箱，但想做蛋糕"的痛点。

第二，凸显自己的特色。不标准的普通话是"皮皮教做菜"的一大特点，这个特点能给用户留下十分深刻的印象，甚至成了引发用户评论、吐槽的话题。美食类视频号之间的竞争非常激烈，为了体现与同类账号的差异，我们也可以挖掘自己的特色，并将其放大。

第三，重视内容的实用性。关注美食类视频号的用户基本上都是对厨艺或者美食感兴趣的人，为了抓住他们，我们必须重视内容的实用性，要真正地为用户解决问题，为用户提供帮助。比如，某视频号发布的短视频"怎么保养铸铁锅"和"拿到新锅后，应该如何开锅"就十分实用，解决了用户的厨具保养问题。

第四，持续输出垂直化内容。"皮皮教做菜"的更新频率很高，而且一直在持续产出优质内容。为了和"皮皮教做菜"一样快速吸粉，我们也应该持续输出垂直化内容，做好用户运营，保持视频号的热度。

虽然美食类视频号之间的竞争十分激烈，但想进入美食领域的视频号运营者仍然有机会，因为人们对美食的需求不会消失，对美食的热情也不会减退。

7.4.2 变现：水到渠成

在获得巨大流量后，"皮皮教做菜"的变现就水到渠成了。目前，"皮皮教做菜"的主要变现方式为广告和带货，主要带货产品包括调料、食材、厨房小家电等。

"皮皮教做菜"的短视频中几乎没有产品介绍，也没有广告内容的口播，只有产品的使用过程和使用效果。当他用产品做出美味的食物后，用户就很容易产生"我用了这个产品，也能做出同样美味的饭菜"的想法。

比如，"皮皮教做菜"在带货裙带菜的一段时间里，发布的好几期美食短视频都和裙带菜有关，教用户用裙带菜做饭，用户看后自然会跃跃欲试，进而在"皮皮教做菜"的商品橱窗中购买裙带菜。

"皮皮教做菜"还会直播教用户做菜。在直播的过程中，他也会使用自己推荐的调料包、餐具、食材等产品，吸引观看直播的用户在直播间购买。

从内容创作到流量变现，"皮皮教做菜"始终瞄准用户的需求，其短视频和产品能解决用户的问题。我们在运营同类视频号时，也要关注用户的需求，持续生产对用户有用的内容。

7.5 "粤知一二"：创造粤语新流行

近年来，脱口秀以其幽默和犀利赢得了大众的喜爱，电视和网络上的脱口秀节目层出不穷，线下的脱口秀剧场也非常火爆。通常，一场脱口秀的时长为40~45分钟，脱口秀演员要在这段时间内用自己的幽默和才华征服观众。

如果脱口秀节目的时长被缩短为几分钟，会发生什么呢？演员要如何吸引观众呢？

搞笑幽默博主"粤知一二"的运营团队一定知道答案。"粤知一二"创立于2017年，在全网各大视频平台上均有账号。视频号"粤知一二"的个人主页截图如图7-6所示。

图7-6 视频号"粤知一二"的个人主页截图

作为粤语文化区最知名的自媒体账号之一,"粤知一二"的粉丝量十分惊人,而且受众十分广泛。它不仅受到粤语地区人们的喜爱,而且获得了很多非粤语地区年轻人的关注。"粤知一二"的成长之路并不是一帆风顺的,为了让账号持续运营下去,它背后的运营团队付出了许多努力。

7.5.1 在尝试中寻找方向

2020年1月,"粤知一二"在视频号平台上的第一条短视频上线了。这条短视频的形式是新闻播报,出镜人员只有主持人嘉峰一人。在这条视频中,新闻播报的形式十分尴尬,就连主持人嘉峰都认为这是最不成熟的时期。

在这个不成熟的时期,"粤知一二"团队在摸索中前进,他们几乎每天都会更新短视频,并观察用户的反馈,分析各个平台的数据。经过一段时间的摸索,"粤知一二"的运营团队迅速调整方向,对短视频内容进行了大改版,视频的形式由新闻播报改成了极具粤语文化特色的栋笃笑,讨论的话题也更加贴近生活,比如"说话耿直的人就是没心机?对,还很缺心眼!"。

栋笃笑是香港演员黄子华从西方引入的一种喜剧表演形式,即英文中的"stand-up comedy(单口喜剧)",这种戏剧表演形式在粤语地区非常受欢迎。黄子华表演一场栋笃笑通常需要100分钟,甚至2个小时。但"粤知一二"将它浓缩为两三分钟。

在这两三分钟内,主持人嘉峰用地道的粤语调侃生活中令人啼笑皆非的现象,不仅幽默风趣,也体现了年轻人对各种社会现象的观察和思考。短视频内容改版后,"粤知一二"的数据发生了明显的变化,粉丝量、播放量、点赞量和评论量都得到了显著提升，很快就有了第一条点赞量达"10万+"的短视频。

这条短视频的内容和当时十分风靡的手游"王者荣耀"相关，十分贴合年轻人的"胃口"。因此，这条短视频在朋友圈里引发了一轮传播热潮，在腾讯视频平台上的播放量达到了几百万。

这条短视频是"粤知一二"运营过程中的转折点，凭借这条短视频，"粤知一二"收获了第一批忠实的"粤饼"（"粤知一二""粉丝"的昵称）。同时，这条短视频也坚定了团队的信心。此后，团队陆续创作了20多条和"王者荣耀"相关的视频，并取得了不错的成绩。

找到正确的内容形式和内容方向后，"粤知一二"团队一路高歌猛进。

7.5.2 用心打磨内容

"王者荣耀"系列短视频的成功，让"粤知一二"团队获得了一个宝贵的经验：能引起用户共鸣的作品才会受到用户的欢迎。在创作"王者荣耀"系列短视频时，团队全体成员都"沉迷"于这款手游，只为从游戏中挖掘到可能引起用户共鸣的点。"粤知一二"的编剧团队说："只有让编剧们都有共鸣的选题才能被确定下来。"

"粤知一二"团队的成员全部都是"90后"。这个年轻的团队能准确把握流行趋势及年轻人的痛点和需求。因此，"粤知一二"的选题往往能够精准地戳中社会热点和"粉丝"痛点。"粤知一二"团队每周都会开选题会，团队成员通过头脑风暴选出最合适的选题。

"粤知一二"的短视频选题十分丰富，不仅有紧跟时事与热点的选题，还有与粤语文化相关的选题，更有永远不会过时的情感选题。确定选题后，团队通常会用1~3天制作短视频。不过，遇到热点事件时，团队会在1天之内制作好短视频，并在当天上传到各大平台上。

"粤知一二"的短视频总是十分贴近生活，又能引起人们的好奇心，吸引人们观看，比如"坐地铁不玩手机究竟有多尴尬？""为什么现代人这么容易分手？""情侣吵架要吵什么？"等。

7.5.3 和"粉丝"玩在一起

通过精心打磨内容，"粤知一二"在全网范围内拥有了几百万名"粉丝"。团队深知这些"粉丝"来之不易，因此十分重视用户运营，通过各种方式让"粉丝"保持活跃度。事实证明，团队的努力是卓有成效的，在包括视频号在内的全网各大平台上，"粤饼"都十分活跃。

"粤知一二"团队维持"粉丝"活跃度的秘诀是：和"粉丝"玩在一起。"粤知一二"团队表示，想要保持"粉丝"的高黏性，就要把"粉丝"当成自己的朋友，与他们玩在一起。

"粤知一二"团队成员会不时在短视频中出镜，也会在社交平台、评论区与"粉丝"互动，整个团队的成员都与"粉丝"建立了良好的关系。比如，"粤知一二"的一位编辑经常在评论区与"粉丝"互动，被"粉丝"称为"会长"。

再比如，"粤知一二"团队还会在"粉丝"群中发布短视频拍摄花絮，而"粉丝"则会将花絮制作成表情包，在群内"斗图"①。

又比如，"粤知一二"的固定出镜主持人嘉峰在某条短视频的结尾承诺，该视频点赞量超过10万，就帮阿奇（"粤知一二"的团队成员）剪

---

① "斗图"是一种在社交平台上展开的，以表情包为"武器"的新型聊天方式。

头发。"粉丝"纷纷为这条视频点赞，并在评论区留言。几天后，该视频的点赞量突破了10万，"粤知一二"团队也如约在多个平台直播了嘉峰为阿奇剪头发的过程。

除了线上互动，"粤知一二"也十分重视与"粉丝"的线下互动。比如，"粤知一二"的视频发布到第100期时，团队举行了线下"粉丝"见面会；每逢主持人嘉峰的生日，团队也会在线下举办嘉峰生日会，与"粉丝"共同庆祝。这类线下见面会已经成为"粤知一二"团队常规运营工作的一部分。

另外，"粤知一二""粉丝"的专属昵称"粤饼"也能让粉丝产生很强的归属感，粉丝黏性大大提升。

"粤知一二"在公众号"粉丝"破百万后，获得"金秒奖"后，都会第一时间对"粉丝"表达感谢。在团队成员看来，"粉丝"不仅是他们的朋友，也是与他们共同成长的人。正是因为抱着这种心态，"粤知一二"团队才能始终和"粉丝"玩在一起，获得"粉丝"的支持。

作为用户，我们可以通过"粤知一二"了解粤语文化，感受粤语的魅力。作为视频号运营者，我们要学习"粤知一二"不断打磨内容、精益求精的精神，以及对潮流和热点的敏锐度，更要学习它的用户运营方法，以及与"粉丝"做朋友的心态。